# 淨慧法師開示語錄 1

## 柏林禪話

諸惡莫作　眾善奉行

燕山修水隔天涯，明月清風共一家。

千古禪林公案在，逢人且說趙州茶。

淨慧法師——著

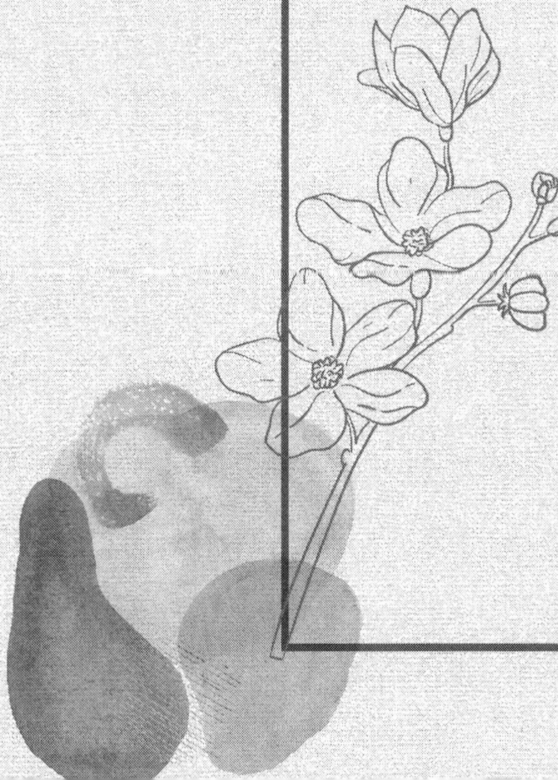

# 【目次】

# 自序

大約在四年前，門下幾位熱心護法、弘法的弟子，結集、印行了《柏林禪話》的這本小冊子，約有二十多萬字，在教界內部贈閱、流通。由於自己東奔西走，未遑寧處，對於這本小冊子的文字和內容未及留意。有一次同一位在出版部門當編輯的信徒談及此書時，他就其文字、內容、編輯水準、印刷質量等方面存在的問題談了一些意見。這樣，我就抽暇翻閱了這本小冊子，結果發現其中確實存在不少問題，也有一些明顯的錯誤。究其原因，一是書中的大部分內容是根據音帶整理的，因我不能講標準的普通話（國語），整理者對我南腔北調的語音把握不準，加之對佛教用語、禪林用語不熟悉，致使在文字以至內容上造成不少錯訛；

二是編輯和校對工作不夠精細，使許多可以避免的錯誤發生了。發現這些問題之後，當即向有關執事人員提出停止贈閱、流通這本小冊子。當事人表示此書已所剩無幾，正擬校正重印。我正在猶豫之間，接讀臺灣圓明出版社總編吳明興居士關於擬在臺灣出版此書正體字版的來函，並敦促我授權同意此事；隨後又將他們重排的該書三校稿寄到河北，約我審閱後寫一篇序言，以表示我對此書在臺出版的關注。

以上就是這本小冊子大陸版、臺灣版結集、出版的經過。

教界許多人都知道我在「文革」後主要從事佛教期刊編輯工作，有時也寫一點小文章，大都是應時、應景之作，值得結集出版再給別人看的東西不多。一九八八年，特別一九九二年以後，由於開展河北佛協教務、修復趙州祖庭和組建柏林寺僧團的實際需要，加之信衆每每有要求開示、講法的呼聲，於是就經常有關於佛學講座之類的活動，也有人利用現代科技的便利條件把我講的一些話錄製成音帶，整理成文字，也就有了像《花都法雨》、《柏林禪話》之類小冊子的編輯、出版、流通。

這次臺灣圓明出版社將《柏林禪話》一分爲二：一本還是用原來的書名，另一本則用《開示錄》爲書名。其實用這樣的書名對我來說是不敢當的，因爲我在修行上祇是一名小學生，對於禪的有些問題則是霧裏看花，說得不瞭然，那裏談得上以禪示人呢！

對於這兩本書的稿子，我認真地審讀了一遍，也改正一些明顯的錯誤。由於時間的倉促，未能詳細推敲其內容。我懇切希望臺灣教界諸先進，對兩書的疵謬之處，多加指正。

臺灣圓明出版社的吳明興總編，爲促成此書在臺出版，函楮往返，編輯校正，諸多辛勞，在此謹致深切感謝。

淨慧

一九九八年十二月一日

于趙州柏林禪寺問禪寮

# 柏林禪寺佛七開示

## 第一天（一九九二年一月十九日）

今天是臘月十五，柏林寺第三次舉行精進佛七，我又有機會和各位法師、各位居士在這裏共修，確實是一個很難得的因緣。我在過去曾多次講到，全國的佛教大多是一片欣欣向榮的景象，唯獨我們河北這個地方比較落後。這四十多年來，我們河北佛教工作的開展僅僅祇有三年多的時間，在這個期間，真正地對信徒進行弘法工作，還祇有不到兩年的時間，所以我作爲一個教會團體的負責人，感到對我們河北省在家信徒做的事情太少，提供給修行方面的幫助太少，我們今後要在這些方面多努力。

就寺廟方面來說，河北也是最落後的一個地方，全國不管那一個地方，佛教界都有幾座完完整整的寺廟，唯獨我們河北沒有一座完整的寺廟在佛教徒的手裏。我們要開展弘法工作，又要修建佛教活動場所、修建寺廟。沒有寺廟就沒有弘法場所，如果我們有一座比較完整的寺廟的話，我們就可以在一個比較寬敞的地方，可以多一些人來參加我們這個共修活動。由於受條件限制，再多的人這裏就沒法容納了，這個簡易佛堂，實在是空間太小。面對這樣的一個比較落後的現實，我們內心生起種種感觸，這一現實，時時刻刻激發著我們要爲河北佛教多做工作、多做貢獻。

我們這一次的法會，比前兩次的精進佛七，更加殊勝和圓滿。因爲有前兩次法會，大家在精神上、物質上打下了比較好的基礎，所以可以一步一步地提高，參加人數也有所增加，修行的場地，以及我們住宿的條件，都在逐步改善。從參加的成員來講，前兩次都是限於本地的，而這次有天津、北京、石家莊、保定等地的居士，特別是還有一位遠從新加坡來的法師，也在這裏跟我們一起同甘共苦地參加這次精進佛七，這更會激起我們每一位同道的精進心，所以我感覺到這次法會的因緣特別殊勝。另外還有在海外的信徒爲我們提供了這些莊嚴的法器，也將使我們對三寶增加恭敬心和莊嚴感。這些都有助於我們在修行的時候增強道念、增強信心。

講到這裏，我順便向各位報告一個消息，我們明年如果再有精進佛七的話，就可以聽到柏林寺的鐘聲了。我們知道趙縣有「十景」，柏林寺的「東寺鐘聲」是屬十景之一。現在我們正在蘇州鑄一口銅鐘，重兩噸，高一點八公尺，直徑一點三公尺，價值十萬元，這口鐘是臺灣首愚法師贈給我們柏林寺的。想到那時我們可以在新的佛殿裏共修，我們大家時時刻刻要發道心、精進心，要迴向、祈禱我們這佛殿能順利的完工。

剛纔我們講的都是些題外的話，下面我們言歸正傳。記得上一次我講過在柏林寺這一禪宗的道場來舉行佛七，似乎和我們的傳統、門風有一點背離，後來我仔細地思考，這個問題怎麼解答呢？佛法是圓融的，每一個法門之間並不是絕對不同的，而是法法圓融，每一個法門之間都有共性，所以禪宗和淨土宗在本質上沒有甚麼區別。再說各個宗派的終極目標，都是要求明心見性、見性成佛，這一點是共同的，就是淨土宗念佛也是如此。

今天我想講三個問題。第一個問題：趙州禪師究竟是贊成還是不贊成念佛法門？也就是說趙州禪師對念佛法門的態度是怎樣的？

大家可能聽說過趙州禪師有「佛之一字，吾不喜聞」的話。在《趙州禪師語錄》裏有兩處提到這句話，意思是連「佛」字，他都不喜歡聽。爲甚麼呢？因爲從佛的境界來講是一法不立的，如果說到了佛的境界還有一個佛，那就是頭上安頭了，所以像趙州禪師他老人家這樣的一種境界，他能說這句話，這也是一層意思。

另外，佛說法是貴在當機，是甚麼根性，是甚麼對象，他就說甚麼法門。衆生的根性有兩方面最爲普遍，一個是常見，一個是斷見。「常見」認爲衆生永遠是衆生，或者說世界上的一切事情是不可改變的。如果執著衆生永遠是衆生的話，那衆生永遠沒有辦法來改變這個現實，也就沒有辦法斷煩惱、證果成佛了。那麼對待「常見」的衆生，祖師們是用掃蕩的辦法，不立一法，像剛纔趙州禪師提出來「佛之一字，吾不喜聞」，就是對待「常見」的衆生來講的。因爲他執著於有佛，執著於有衆生，從最高的境界來講，這是二元對立的，這是法門有二，不是不二法門。從這個最高層次來講，法法都是圓融的，法法是統一的，是完整的，心、佛、衆生是三無差別的。强調這個有甚麼意義呢？强調心、佛、衆生三無差別，平等如一，就能夠提高我們每個人的自信心，就能夠提高我們每個人主體的自覺性，就不會以爲我們迷失永遠是迷失的，佛的覺悟永遠是覺悟的，是生成的彌勒、自然的釋迦。不是的，彌勒、釋迦都是從修行中得來的。所以要破除常見，趙州禪師纔會有「佛之一字，吾不喜聞」。

那麼還有一種衆生認爲人死了即完了，没有三世因果，没有因果輪迴，這就是「斷見」的衆生。對待「斷見」的衆生該怎麼辦呢？就要用建立的法門，不捨一法。同樣是趙州禪師，有一個學人問他：「三世諸佛有没有老師？」趙州禪師說：「有！三世諸佛有老師。」「那麼三世諸佛的老師是誰呢？」趙州禪師說是：「阿彌陀佛，阿彌陀佛就是三世諸佛的老師。」你看這個回答多好啊！這是從建立的方面來說明問題。三世諸佛没有老師，就是天生的彌勒、自然的釋迦，不是修行而成的。

還有一個學人問趙州禪師：「您天天享受王侯的供養，您怎麼樣來報恩呢？」因爲大家知道，趙州禪師是受燕、趙二王的供養的，二王供養趙州幾十年，那麼這個學人就問他怎麼來報答他們的供養之恩，趙州禪師說：「我念佛。」我念佛教就是報恩。所以從這個方面來看，趙州禪師並不是一味地用掃蕩的方法來教化學人的。他並不反對念佛法門，而且他也在極力地提倡念佛法門，而且他對阿彌陀佛的這種認識，應該說高著眼的。我們生活在趙州柏林寺，多少要瞭解一點我們這個寺廟的宗風和傳統，所以我們在這裏舉行精進佛七，沒有違背趙州的門風，沒有違背柏林寺的傳統。

第二個問題：我們每一個人都念「阿彌陀佛、阿彌陀佛……」「阿彌陀佛」是甚麼意思呢？可能很多居士都知道，「阿彌陀佛」翻作無量光佛、無量壽佛。這一點也不錯，但我們不是簡單地從字面上來解釋這四個字，而是要把它的意思弄明白，把這四個字和我們的修行、我們的生活融爲一體，那就不是那麼容易的事情了。

《阿彌陀經》上講：

彼佛光明無量，照十方國。……彼佛壽命，及其人民，無量無邊阿僧祇劫。

這是說阿彌陀佛光明無量、壽命無量。甚麼是光明無量呢?這是說阿彌陀佛在空間上是無處不在的,因爲佛身充滿於法界,佛佛道同,每一個佛的法身沒有任何空間的限制,也就是說我們每一個衆生都生活在阿彌陀佛的光明之中,阿彌陀佛時時刻刻和我們同呼吸、共命運。用禪宗的話來講,我們每一個人跟阿彌陀佛是同一個鼻孔出氣,不過我們自己沒有真正親切地體會到而已,如果有這種親切的體會,大家就都立地成佛了。那甚麼是壽命無量呢?壽命無量就是說阿彌陀佛在時間上沒有任何的限制,也就是說我們不是這一輩子纔和佛結了緣,我們從無始以來就沒有離開阿彌陀佛,就跟阿彌陀佛有甚深的法緣。如果不是因爲這種甚深的法緣,我們要在佛法不那麼興盛的環境中聞法修行,那是絕對不可能的。所以我們不要輕視此生,也不要小看這一段時節因緣,這個時節因緣是不可思議的,是我們過去多生多劫和佛結了法緣,纔能夠在這一輩子聞法修行,這就是和阿彌陀佛的壽命無量息息相關的。

既然在空間上、在時間上都不受任何限制,那麼十方三世就成了我們當下的一念心,我們當下一念能夠清清淨淨、明明白白地提起這一句佛號,那麼我們就和阿彌陀佛相應,我們就和整個宇宙、十方三世相應,我們就能夠把這一念心、這一個有限的生命和阿彌陀佛的無量光、無量壽融爲一體。我們能夠這樣地來修淨土法門，這樣地來提起我們的當下這一念，跟參禪又有甚麼區別呢？我們今天還念了「懺悔文」中最後一句是：

南無法界藏身阿彌陀佛

阿彌陀佛是法界藏身，他的法身徧滿十方微塵剎土，那麼我們時時刻刻念阿彌陀佛，時時刻刻提起這一念，十方法界也就在我們一念之中。所以在念佛的時候要有這樣的一種心態，我們不僅僅是希望在臨命終時往生西方極樂世界，而是在我們當下就能夠得到受用，當下就能夠現證涅槃，當下就能夠得到安詳。我們要體會阿彌陀佛的這一無量光、無量壽的涵義，那可以說是十年八年都說不完的，而且就這四個字包含了整個的佛法，所以我們在修行的時候，要很好地在修行的境界上去體會，這樣就能夠提高我們修行的層次，也就能夠提高我們對佛法的認識，也就能夠提高我們的覺悟。

今天要講的第三個問題就是念佛的「行」的方法。念佛的「行」包括我們平常不在道場而在家裏怎麼樣修行淨土法門。根據祖師的體會和修行的經驗來講，修淨土法門分四個方面，也可以説分作四門：一、懺悔門；二、十念門；三、息緣門；四、種福門。根據這四門來修行淨土，就能夠把我們整個的修行法門和生活連成一片。

甚麼叫懺悔門呢？懺悔是我們學佛、信佛、修行的人天天都要進行的一件事情，懺悔非常重要。因爲我們知道在過去世我們造有種種業障、種種煩惱，所謂「煩惱無盡」，所以我們要懺悔，懺悔以後纔能夠安樂，纔能夠清淨。好比一個房間堆滿了雜物，又髒又亂，我們要搬進去住，就必須先把它打掃乾淨，進行粉刷，甚至消毒。我們心地中的煩惱和污染，應該説比我們看到的一個房間的髒東西要多得多，而清洗我們心地中的污穢難度也大得多，所以我們一定要懺悔。

懺悔有兩種：一種是通懺，另一種是別懺。我們常念的：「往昔所造諸惡業，皆由無始貪、瞋、癡，從身、語、意之所生，一切我今皆懺悔。」就是通懺，這個通懺每天都可以在禮佛時念，一邊念一邊拜，這就是懺悔。那麼別懺呢？就是每個人根據自己的情況，因爲我們曾經做過種種不合情理的錯事，我們就要對每一件事情來進行懺悔，懺悔了以後我們心裏的負擔就得以解除，我們就能夠以一種非常清淨的心態來學佛、念佛。古代的祖師曾這樣譬喻：「我們心地中的煩惱和污垢就好像是農田裏的敗草，不把它拔掉就會影響作物的生長。」所以我們要像拔敗草一樣地來清除我們心靈的污點，來懺悔我們的業障。

第二是十念門。作爲在家信徒，不可能像出家人這樣天天念，因爲在家信徒有種種俗事，要上班，要料理家務，時間比較緊張，所以提倡十念法門。十念有兩種理解，一種就是念十句佛號，還有一種是根據我國古代大德著作上記載的，以及日本人傳下來的，就是以一口氣爲一念，一口氣能念十聲南無阿彌陀佛。

（以下內容未錄上）

## 第二天（一月二十日）

看到各位都非常精進，也很有進步，坐下來昏沈的人少了些，翻腿子的人也少了一些。雖然是有進步，但思想上要有準備，第三天、第四天是最困難的。腿子疼的時候怎麼辦呢？年老的人我不勉强，可以換一下，四十歲以下的人不要翻腿，要修定腿子這一關總是要過的，不過這一關，定是無法修的。我們準備將來在普光明殿打一次禪七，打禪七坐的時間就更長了。爲以後參加更多的精進佛七、參加禪七，腿子這第一關一定要過。所以四十歲以下的道友無論如何要堅持，不要翻腿子，讓它疼、讓它麻，這樣堅持一個星期，能夠練到坐一個小時，修定就有希望了。

我們修行的全部內容，就是三件事：持戒、修定、證慧。不持戒固然不能修定，但不修定持戒也不能堅定。因爲犯戒往往是由於定力不夠，有了定纔能證慧，證了慧對於修定又能夠促進，對於持戒也能夠增强堅韌不拔的毅力。所以，持戒、修定、證慧是我們修行的整個過程。那麼我們念佛是爲甚麼呢？就是修定。一些居士離開家庭來這兒過清淨的生活，實際上是戒、定、慧三學一起修。定在戒和慧的中間，說明它是一個很重要的中心環節，沒有定是沒有希望開悟成佛的。大家可能都讀過《安祥禪》，或許會以爲「安祥禪」不强調修定。其實安祥的境界就是定，定了纔能夠安詳，安詳了纔能夠定，所以安詳就是一種定的狀態或心態，大家不要誤解，以爲學佛不必修定。有了深入的禪定，纔能夠明心見性，纔能夠得到涅槃的正受。

涅槃是甚麼呢？涅槃就是正受，是在智慧、正見指導下的一種不生不滅的最高精神狀態。當我們在今生今世還擁有身體的時候，能夠真正感受這有餘依涅槃，就是現證涅槃。我們每一個人在修行的過程當中，可能會有那麼一秒鐘、兩秒鐘，甚而一分鐘、兩分鐘的涅槃境界，衹是我們不能夠持續下去，僅僅是那一秒鐘、一分鐘，如果我們能夠把這一分一秒的清淨境界延續下去，中間沒有任何雜念，那我們就是達到了現證涅槃的境界了。但是這一點是很難做到的，如果有了定，就能達到這種境界，所以我們要精進不息，持之以恆，忍痛把腿子練好，在二六時中能夠清楚明白地做得了主，那麼臨命終時也就一定能做得了主。這些是關於練腿子的意義，是修定的基本功，大家千萬不要忽視這一點。

下面我想接著昨天講的念佛法門的第四門，即種福門。我們修些甚麼福呢？在《觀無量壽經》中，佛陀對韋提希夫人——一位虔誠的優婆夷說了修三福而往生西方極樂世界的法門。這三福就是過去、未來、現在三世諸佛的淨業正因，也就是我們修淨業往生西方所要堅持不懈地去做的三件事。那三件事呢？對於各位老教友來說，這可能是耳熟能詳的了，但要把這三件事做好，一點一滴地落實到實處，那就不是一件容易的事情。

這三件事的第一件就是要我們孝養父母，奉事師長，慈心不殺，修十善業。

這也就是淨業三福的第一福，它從一個人最基本的道德要求出發，是我們信修淨業的第一正因。孝養父母，很多人會覺得自己對父母不錯，每個月給父母一些錢，或者買點東西給父母——在今天的潮流下，做為子女能夠做到這一點也算是孝養父母了，但僅僅做到這一點是遠遠不夠的，這是做子女的最起碼應做的事。「孝」不僅僅表現在物質上，而且還表現在內心中的喜悅和恭敬，你把錢、把東西拿出來孝養父母，同時還要令父母歡喜，而且在父母面前不應有一絲一毫令父母不高興的地方，能做到這樣，纔可以稱得上盡到了世間的孝道。至於出世間的孝道，那就還差得遠了，所謂「親得離塵垢，子道方成就」，要讓父母離塵脫垢，我們做子女的孝道就算成就了。就是說我們自己知道信佛、念佛、求解脫，我們也要幫助父母來認識佛教、理解佛教，引導他們逐步走上正信三寶的大道上，而且還要讓他們離塵脫垢，這樣，做爲我們佛教徒的這種子女之道纔算成就了。古人還講「百孝不如一順」，順從父母的意志也是非常重要的。當然這個順從往往需要用智慧來鑑別，有時候父母出於無明煩惱，可能要我們去做一些違反五戒十善的事情，那麼我們就應好言相勸，給父母講清道理，希望他們不要堅持做這些不順解脫、違背佛法的事情。這種情況下我們是不能夠隨便地來順，這就要靠我們用善巧方便來説服父母。

奉事師長，因爲在我們每一個人的成長過程中，除了有父母的養育之恩，還有老師的教育之恩，所以對於師長也應該尊敬供養。中國人有尊師重道的良好傳統，老師的恩德在於給予我們知識，教導我們怎樣做人做事，没有老師，我們就不能成才。

慈心不殺，就是對一切生命都要懷有一種慈悲仁愛之心，不去惱害殺傷生命。因爲我們人類與地球上生存的其他一切生命都有著密不可分的關係，破壞了這種的關係將引起生態的失衡，人類最終也無法生存。如果我們每個人都能養成慈心不殺的觀念，那對保護生態環境將大有好處。

最後是修十善業。十善即身三、口四、意三，也就是不殺生、不偷盜、不邪淫；不妄語、不兩舌、不惡口、不綺語；不貪、不瞋、不癡。這十個方面順現善後善的就是十善，反之就是十惡。

以上講的是第一福。第二福就是要受持三皈，具足衆戒，不犯威儀。這一條就比前面的所謂世間的人倫道德提高了一步，這是我們要修的出世的道德，出世的因。我們這裏有的受了三皈的，有的受了五戒，有的受了菩薩戒。甚麼叫具足呢？就是受了戒要守戒、持戒；不守不持，受戒就等於犯戒。受五戒的持這五條戒，受菩薩戒的就持菩薩戒，這就是所謂具足衆戒。威儀與戒有甚麼關係呢？威儀是指我們日常的舉止動作要端莊安詳，特別是以行如風、坐如鐘、立如松、臥如弓這四大威儀最爲重要，很多威儀與持戒是密切相關的，能夠做到不犯威儀，將有利於戒條的守持。

第三福是發菩提心，深信因果，讀誦大乘，勸進行者。這三福是一步一步提高加深層次。我們念佛還要發菩提心，也就是要發成佛的心，還要深信因果。離開了因果，就沒有佛教可言了；不管是講四諦，還是講十二因緣、六凡四聖，講的都是因果。對於世間的因果和出世間的因果我們都要深信不疑，它是一個種瓜得瓜、種豆得豆的必然的道理。深信因果是發菩提心的根本，有不少人也認爲佛教非常好，教我們如何做人、如何修行，但對於因果輪迴這一佛教的基本教義總是產生疑慮。所以淨業三福要求我們深信因果，然後還要讀誦大乘經典，讀誦大乘經典就能夠增强我們的因果觀。最後還要勸進行者，前面幾點都是講自利，這裏是要我們利他，自利利他纔是菩薩發心。我們自己修行還不夠，我們還要勸化一切有緣的人都信仰佛教。當然這並不是一件容易的事，譬如我吧，接觸過的人可以說有幾十萬，但真正能夠接受勸化的人並不多。

佛陀當時告訴韋提希夫人這三福就是淨業，是過去、未來、現在三世諸佛的淨業正因。我們做好這三件事就是我們成佛的正因，所以我希望大家在這個佛七期間努力地用功。有幾位告訴我，在這裏修行七天，比在家修半年、一年都進步得更快，希望大家都能夠這樣。

## 第三天（一月二十一日）

今天是精進佛七的第三天，這次法會馬上就要進行到一半了。從參加的人數來說，好像還在增加，我們每一次法會雖然不是有意識地來組織，但每一次四衆教友都圓滿具足，這樣地合聚一堂地來修行，在我們河北這個地方，是非常難得的。柏林寺百廢待興，條件很差，但是在兩位當家師的籌畫下，還是給大家提供了這麼一個清淨的場所，所以我們每一位都要珍惜這份因緣。在我們這個法會的進行過程中，還有很多法師、居士爲我們提供服務，燒火做飯，行堂守夜等等，這一切服務爲我們修行創造了良好的條件，我們要珍惜他們的勞動，感謝他們的奉獻；他們爲了成就我們的修行，自己卻放棄了這一安靜的修行機會，所以我們由此更應增進自己的道心、增進自己的精進心。

今天我想講一講念佛人的歸宿問題，就是念佛人最終的生死問題。當我們臨命終時，我們歸向那裏？大家一定會非常明確地回答：「我們要往生西方極樂世界。」這是毫無疑問的，但這裏邊也有一些值得探討的問題，譬如說，《阿彌陀經》中介紹：

> 從是西方過十萬億佛土，有世界名曰極樂，其土有佛，號阿彌陀。

也就是說極世界距離我們有十萬億佛土，這個路程的遙遠可以說是一個天文數字，我們臨命終時是否有可能往生到那裏去？再說我們是凡夫之身，多生多劫來有種種無明煩惱，以我們這個業障之身，能不能往生西方極樂世界？

首先關於西方極樂世界的距離，西方極樂世界那麼遙遠，我們臨命終時，沒有火車，沒有飛機，憑甚麼我們能夠往生到那裏去？這裏存在著一個從事和理兩方面分析事物的問題。從事上來說，極樂世界正如《阿彌陀經》上所說，距我們有十萬億佛土之遙，《阿彌陀經》是佛無問自說、金口宣揚的，我們不可否認這一事實，所以事上的極樂世界確實非常遙遠；但從理來看，極樂世界也就叫做唯心淨土，自性彌陀，《維摩經》上稱「心淨土淨」，所以極樂世界雖然距離我們有十萬億佛土之遙，但是和我們的本心、本性卻不隔纖毫，這就是理上的極樂世界。

事和理是不是互相排斥、互相矛盾的呢？絕對不是。**事和理是圓融無礙的**，以事來反映理的具體性，以理來反映事的本質性。淨土宗的一位祖師永明延壽禪師，世稱是阿彌陀佛乘願再來，他說淨土「去則實不去，生則決定生」，講的就是事和理。當我們的心淨了，煩惱無明斷了，那我們當下就生活在極樂世界裏，生活在法界藏身阿彌陀佛的一大法界裏，所以《淨土文》中說：「於一念頃，生極樂國。」就在一念之間，十萬億佛土就到了。這就是念佛時我們對佛的仰慕和佛的願力的相應，在這一念之間就能夠往生西方極樂世界。所以我們在念阿彌陀佛時要堅定信心，不要產生畏懼心、退轉心，因爲念佛憶佛，當來現前必定見佛，往生西方是決定無疑的。

那麼我們到底憑甚麼去西方極樂世界呢？有沒有甚麼交通工具呢？飛機是肯定去不了的，宇宙飛船、火箭也去不了，因爲這些都是生滅法，是有形有相的東西，而唯心淨土、自性彌陀是無形無相的，這無形無相的淨土卻又是一個衆妙莊嚴的佛土。那麼甚麼東西能把我們念佛的人運載到極樂世界去呢？那就是淨土宗講的念佛三要，即信、願、行，這三者如鼎三足，缺一不可，它們是三種力量，即信力、願力、行力，有了這三種力量，我們就決定能往生西方。

第一要信。信甚麼呢？首先要堅信不疑釋迦牟尼佛所說：

從是西方過十萬億佛土，有世界名曰極樂，其土有佛，號阿彌陀，今現在說法。

還要相信我發願修行就一定能夠往生西方極樂世界。信最起碼要具備這兩點，這還必須真，要真真實實地信。

第二要發願，願在我臨命終時往生西方極樂世界，和諸上善人聚會一處，聽佛說法，悟無生忍，最後成爲一生補處的菩薩；而且還要發願，願我到了西方極樂世界以後，還回到娑婆世界來廣度一切衆生；這是發願應具備的最起碼的兩點。願必須切，要切切實實的發願，不是發虛願、假願，不是發心口不一的願。

有了信和願是不是就夠了呢？不！這僅僅是一個預備、一個願望而已，並不等於你在起步。譬如我相信有一個五臺山，我也願意到那兒去朝拜文殊菩薩，但我就是不起步，那麼我永遠到不了五臺山。所以最後最重要的就是行，而且是篤行，也就是要老老實實地去行。行指甚麼呢？就是第一天晚上講的淨土四門，即懺悔門、十念門、息緣門、種福門，以及昨天晚上講的淨業三福也屬於行的範圍。行又分爲正行和助行。正行就是以一句阿彌陀佛繫念於心，達到一心不亂；助行就如懺悔、修三福。正行與助行加在一起，就好像大海上的一艘巨輪遇上順風，載著我們順利地渡過這娑婆世界的苦海。因此，我們憑藉信力、願力、行力這三種力量，是能夠超越十萬億佛土之遙，而往生到西方極樂世界去的。

下面一個疑問是以我們這一凡夫的業障之身，是不是就能夠往生西方極樂世界呢？也就是我們能不能帶業往生的問題；可以說這個問題討論了一千多年，直到現在大陸、香港、臺灣的佛教界仍在繼續討論。能否帶業往生，我們應該相信佛所說的，是可以帶業往生的。因爲業分善業和惡業，善業是淨業行人修集正行與助行的積累，是我們能往生西方淨土的保證和動力；那麼沒消完的惡業是否也能帶到西方極樂世界去呢？我想應該是可以的。爲甚麼呢？我們不用找遠的證

據，大家就看手頭的《阿彌陀經》，經文上講，在極樂世界，樹林、小鳥也常說法，它們

演唱五根、五力、七菩提分、八聖道分。

爲甚麼在西方極樂世界還要演唱五根、五力、七菩提分、八聖道分呢？這說明西方極樂世界的人還要修行，假設他們不要修行了，那又何必演唱三十七道品呢？所以極樂世界還有帶著惡業往生的衆生，他們需要繼續修行。僅從這一點就可以把能不能帶業往生的問題解決了。另外，極樂世界的人們還

常以清旦，各以衣裓，盛衆妙華，供養他方十萬億佛。

他們如此地廣修供養，說明他們仍要修福慧資糧。西方極樂世界是九品往生，所以帶業往生是不容置疑，也是毋需討論的。

那麼既然可以帶業往生，我們就不必再苦苦修行，等到臨命終時十念往生豈

不更方便呢？如果這樣想，那就是大錯特錯了。首先這個動機就不純。有些惡業懺悔不了，那是因爲在我們沒有察覺或者無可奈何的情況下，我們不知道還有甚麼該懺悔的而沒懺悔；甚至即使我們一生都在精進不懈的修行，但我們多生多劫以來的惡業並不一定能夠在這有限的時光裏就懺悔清淨的。雖然沒有懺悔清淨，由於阿彌陀佛廣大的慈悲心和本願力，祇要念佛的人有一種如子憶母的懇切志誠之心，來憶念阿彌陀佛，發願往生西方極樂世界，阿彌陀佛就會憑本願力來接引他，這就是心心相印。因爲我們的心和佛的心相應了，就能夠蒙佛、菩薩前來接引，但是絕不能由此放鬆修行。

淨土法門是難信之法，正如經中說的：

> 釋迦牟尼佛於此五濁惡世，說此難信之法，是為甚難。

難就難在這個法門是如此殊勝又如此方便。難信的法門我們要深信，要切願，要篤行，爲了使我們臨命終時有把握往生西方極樂世界，我們要在平時的修行中精進不懈。

我們在平時的修行中最大的迷惑和干擾是甚麼呢?那些環境最能夠考驗我們的道心和正念呢?那就是和我們利害關係最密切的兩件事,一個是名,一個是利。在名利關頭打不打得破,是考驗我們修行作不作得主的一個重要方面。譬如說,我這個月工作表現不錯,可是公司就是沒有把獎金發給我,在這種情況下我們的心態如何呢?是心若止水?還是忿恨不平、耿耿於懷?如果我們不能以一種平常心來對待名利、人我是非,那麼我們的修行就有問題,臨命終時如何能作得了主?

除了名利,來自我們本身的病苦也是一大干擾,病中的痛苦、焦慮、煩燥、不安、哀歎,會把我們修行的正念完全打失。如果在病中作得了主,那麼我們在臨命終時纔有作得了主的希望。所以我們衹有平常作得了主,臨命終時纔有可能作得了主,我們千萬不能等,等到臨命終時再想作主就晚了。

關於念佛人的歸宿問題就講到這裏,這是我們學佛的人最關心的問題,也是自有人類以來各種宗教、各種學說所探索的一個問題,現在哲學上稱之爲人生的終極關懷。每一個宗教都要回答這個問題,甚至很多哲學都要回答這個問題,我們佛教回答這個問題是憑佛陀的大智大慧、大徹大悟來指出我們衆生的最後歸宿，它是最究竟最徹底的。因爲佛教不管那一宗、那一派都是以淨土爲歸宿，如天臺宗、賢首宗都是發願往生西方極樂世界，法相宗、唯識宗都是發願往生兜率內院，所以人生的終極關懷的問題解決了，我們人生的根本問題纔算解決了。我們要以精進勇猛之心，學修這一難信之法，切切不可當面錯過。

## 第四天（一月二十二日）

這次的精進佛七今天已是第四天。各位在這四天當中都非常精進，法師們非常慈悲成就大家的修行，居士們都非常珍惜這一次殊勝因緣。大家在這一個和合的、充滿著法喜的團體裏共修，彼此之間能夠互相尊重、互相幫助，都非常自覺地遵守法會的一些規矩，各個方面都進行得非常協調，非常順利。特別是有幾位青年學生他們硬是咬緊牙關，腿子怎麼疼都不放下，非要把這一支香堅持下來，這種精神確實是難能可貴的。但是精進心易發，長遠心卻不易發，希望各位不僅在這七天當中始終如一地堅持下去，法會結束了，各人回到單位、回到家中，好像這個法會沒有散一樣，還要繼續勇猛地用功。正如我們想像佛陀時代講法的情景，所謂「靈山一會，儼然未散」，希望各位將這次法會永遠地留在我們的記憶之中，成為我們學佛修持的一種力量。

今天我想講講修行的條件。我們前幾天講的都是些比較重要的題目，但是一切重要的目標如果離開了具體的步驟，都是永遠達不到目的地的，所以必須在一些具體的步驟上來逐步實現我們修行的遠大理想。關於修行的條件，我想分兩個方面講，一是主觀條件，二是客觀條件。

主觀條件首先就是我們要發出離心，能夠認識到三界是火宅，五欲是牢籠，就會發起懇切至誠的要求，從而精進勇猛地修行。出離心並不是很容易就產生的，它一方面要厭，另一方面要欣，要具足是欣、厭二心。厭甚麼呢？厭我們人生充滿煩惱，厭我們這個世界充滿痛苦，如果我們對人世間的一切感到非常美滿、留戀，那麼這種厭離心就無法樹立起來。所以首先要厭這個娑婆世界的苦，然後還要欣，欣甚麼呢？要欣羨極樂世界，那裏有衆妙莊嚴的境界，有佛、菩薩說法，鳥兒、樹林處處都法音宣流。我們如果能夠生活在樂極世界，那我們的修行就容易進步，就不會產生貪求世間榮華富貴的妄想。所以我們要如此地厭離娑婆世界的苦，嚮往極樂世界的樂，就能夠發起出離心了。

當然，我們有時也講娑婆與極樂不二，煩惱與菩提不二，但那是高層次的話，對我們一般人來說還達不到這個境界。煩惱就是煩惱，菩提就是菩提，娑婆就是娑婆，極樂就是極樂，那種高層次的要求，祇有開了悟的過來人，纔能有所感受。

主觀上的第二個條件是要有恆常心。有了出離心，沒有恆常心，朝三暮四，朝秦夕楚，三天打魚，兩天曬網，這樣的修行是不會得到明顯效果的。所以說一定要有恆常心，要朝如斯，夕如斯，祇要有這一口氣在，我們就要始終不移、堅貞不渝、堅韌不拔地培養我們的道心，培養我們的正念。譬如我們現在在這裏打佛七，在這七天當中，我想各位都是心心念念不離佛號，我們回到家中怎麼辦呢？雖然環境變了，但希望要把這種心態繼續下去，並且擴展開來，所以要有恆常心纔行。將甚麼延續下去呢？就是讓這一念念佛的心時時刻刻能夠保持。怎樣擴展開來呢？就是讓這一念心在在處處都能夠體現。這就是在時間上、空間上保持正念，也就是我們平常說的要照顧當下一念。

電視劇《西遊記》的主題歌〈路在何方〉，這個問題問得非常好，而且歌中回答得也非常好：「路在腳下。」我們時時刻刻要看準我們走的每一步路，也就是說我們時時刻刻要注意我們的正念。在我們初修行的時候，是有功用，不是無功用；有功用就是還有分別，有欣厭之心，有取捨之心，祇有當我們修行進入到深層次的時候，纔可以去掉取捨心、欣厭心。

去年我陪同一個代表團去山西，在一個很落後的山村公路上，我看到一個交通安全標語牌，上面寫著，「心在路上，路在心上」，我說這個標語寫得太好了，這不僅僅是一個交通安全的警句，也是我們做人做事的一個警句，是我們修行的一個警句。假設我們時時刻刻能夠讓佛在心中，心與佛通，那我們還有甚麼生死不可了？還有甚麼極樂世界不可生呢？

修行的第三個主觀條件是要有平常心。修行如果把一切看得神祕莫測，就很容易走入岔路，所以要有一種平常心。平常心是禪宗的說法，淨土宗也是如此，也要有一個平常的心。我們修行有了出離心、恆常心，我們就會進步很快，這時另外一個問題也就可能同時產生，甚麼問題呢？就是會有種種好的，或者不好的境界出現，在這些境界面前我們應以平常心來對待；不管看到甚麼，內心毫不動搖，不要有欣厭之心；在境界出現的時候如果有欣厭之心的話，就會走火入魔。《金剛經》上講：「**凡所有相，皆是虛妄！**」那就是說好的境界、不好的境界都是虛妄的，經文上接著講：「若見諸相非相，即見如來。」我們如果用一種平常心來對待一切相，我們就可以真正見到唯心淨土、自性彌陀。再如我們每天念的：

若人欲了知，三世一切佛，應觀法界性，一切唯心造。

一切都由心所造，都離不開我們的心識，所以我們要有平常心，因爲「平常心是道」，能夠有一個平常心，我們就在「道」上了。以上講的是修行的主觀條件，即出離心、恒常心、平常心。

下面我們講講客觀條件。客觀條件首先是要有一個好道場，不選定一個好的道場來修行，我們就不容易進步。古代祖師雖然講「十字街頭好修行」，但那畢竟是高層次的大修行人纔能夠做得到，我們一般人在起步的時候，首先要選擇一個場所，一個道場。這個道場的道風、學風好不好，對我們修行的影響是截然不同的，所以選擇場所非常重要。道場的「場」字意義非常深刻，整個寺廟稱之爲道場，禪堂叫做選佛場，現代科學則把信息歸結爲場，古今竟是如此巧合。因爲場包容信息，所以會影響我們的修行。

很多人來到柏林寺都説這個地方好，中國佛教文化研究所吳立民所長第一次來這兒後，也説這個地方對修行有好處，他還説這裏的堅牢地神還沒有離開，仍然護持著這個地方。另外，臺灣耕耘先生來了這兒也非常高興，説這個地方好，還要組織一個大團專門來朝拜柏林寺。大家都説我們這個地方好，好在那裏呢？因爲這是古佛道場，大家看古塔上面寫有「特賜大元趙州古佛真際光祖國師之塔」。爲甚麼叫古佛呢？因爲趙州禪師有一句話傳到了雪峯祖師那裏，雪峯祖師説：「古佛，古佛，不是古佛説不出這句話。」趙州古佛就曾在這裏駐錫四十年，教化一方，開一代禪風。在此之前，初唐的玄奘法師，出國取經之前，也曾到這兒從道深法師學習《成實論》，時間長達半年之久。不用舉其他的高僧大德，就這兩位祖師留下的信息，我們今天就受用不盡了。

這種信息是物質的，不是精神的，因爲我們這個地方從法脈也好，從物質也好，都沒有完全斷掉過，所以這些信息會保存下來。千年的古柏猶存，它們是有靈氣的，否則爲甚麼當問道：「如何是西來大意？」趙州禪師別的甚麼都不説，祇答「庭前柏樹子」呢？這些柏樹是趙州給授了記的。這並不玄妙神奇，是很實在的，好比收音機一會兒唱歌，一會兒説新聞，因爲它靠電磁波，道場也是如此。道的信息到處都存在，祇要你肯接收，你就受用不盡，你要是排斥它，那麼你的接收器壞了，當然收不到。

修道所以一定要選擇一個好的場所，這裏我並不是說希望你們住在這兒一年不走，而是希望你們經常來這兒參加法事活動，把這個地方的好信息帶回家，也把你們的好信息帶到這兒來，因爲你們是爲修行而來，這就是好的信息，好的信息經過交流，就會更加增進我們的修行。

客觀條件的第二點，就是要有好的同參道友，所謂善友提攜。沒有善友提攜，我們出離心產生不了，恆常心也產生不了，平常心也產生不了，所以善友提攜、善知識的指導是非常重要的。有了好的場所，還要有好的道友互相提攜，指引我們修行的道路。這裏我不是說自己就是好善好，大家在這裏，法師都是善友，各位也同樣是善友，提攜是相互的，不是單方面的。有了善友的提攜，我們時時刻刻都把自己放在集體裏，讓集體來監督，在集體裏來培養我們的道心，這是最有效的。

個人修行固然非常重要，但是在家居士一年有幾次集體共修活動，也是非常有意義的。當我們在集體中，我們的一舉一動，一言一行都在大衆的監督之下。

我自己坦白地說，我的腿子也疼，但我在你們面前，我絕對不能動，再疼我也要堅持下來。因爲你們大家的眼睛都看著我，如果說師父的腿子老在動，那麼你們就動得更厲害了，所以我再疼也要咬緊牙關，做一個榜樣，這就是善友的力量。因此，善友提攜是相互的，絕對不是我來幫助大家，法師來幫助大家，你們就沒有幫助我們。

我們時時刻刻把自己放在集體之中，我們的道心就會增長，我們的修行就會進步，我們的缺點就會得到克服，我們的習氣就會一點一點消除。有的人說我自己曉得修行，跑到這兒來，人多打閒岔，覺得不好。這不對，我們一定要養成在集體裏修行的良好習慣，接受大家的監督。所以我勸初發心修行的人，特別是年輕的法師和在家居士們，要養成修行辦道的良好習慣，在團體中生活修行，過去一個僧團幾十人、幾百人共住一寺也是這個意思。近代的虛雲老和尚並不是自己一個人坐著時開悟的，他是坐在禪堂裏打禪七時開悟的，這樣的例子很多。所以集體的共修，善友的提攜，有利於修行的進步。

客觀條件的第三條是多聞熏習，有了好的道場和善好，但如果不看經書，不聽聞正法，照樣難以打開我們心靈的智慧大門。要打開這扇大門，需要有鑰匙，這把鑰匙就是靠多聞熏習來掌握。多聞熏習，一是靠口問法，一是靠眼看經。所以大家一有空要注意多看經書，多親近善知識。

關於修行的條件就講這些，下面我簡單回答一下幾位居士提出的問題。

第一問題是臨終時怎樣區分佛境和魔境？

剛纔我講的平常心就爲區分佛境和魔境打下了一個伏筆。我們如果能夠在平常修行當中，養成了一種平常心，到臨命終時，自然就作得了主。因爲我們有了平常心，是佛來了不喜，是魔來了不憂，在安詳的心態中，「於一念頃，生極樂國」。往生不是一個很長的過程，要幾天幾夜或者幾年，不是，雖然極樂世界距我們有十萬億佛土之遙，但又是不隔纖毫的，因爲我們的心是和法界爲一體的，祇要我們能夠保持平常心，保持安詳的心態，自自然然地就能夠往生極樂世界，而不會被魔境所轉，也不會被佛境所轉。

第二問是如果臨命終時昏迷不醒怎麼辦？

「平時不燒香，急時抱佛腳」，那是沒有用的。不能等到那時候再想辦法，而是要在現在就想到該怎麼辦。我每一次都强調現證涅槃，平時就要勤於修行，把握住自己在一切時、一切處都能夠作得了主，臨命終時自然不會昏迷不醒。那麼這個時候昏迷了有沒有甚麼辦法呢？那就是剛纔講的那個客觀條件，即善友提攜，請善友爲你助念。所以年老的教友要注意，要提早叮囑好子女在你臨命終時請善友來幫助念佛，這是昏迷時唯一有效的辦法。

最後一問題是臨命終時誤入魔境怎樣纔能解脫？

我沒有這個經驗，但是我可以告訴各位，《地藏經》上講人死後七七四十九天之內，可以請高僧大德誦《地藏經》來超度。總而言之，要想在臨命終時作得了主，就要靠我們從現在開始好好修行，不要等到臘月三十到來手忙腳亂。

## 第五天（一月二十三日）

我們今天談一談修行應當落實在何處。一般人理解修行就是到廟裏來參加法會，或者是自己早晚做功課念佛；當然這是修行的一個很主要的方面，但是如果修行僅僅祇有這些，那我想是遠遠不夠的。爲甚麼呢？因爲我們在家信徒能夠來參加寺廟裏的共修，一年是有限的幾天，充其量加在一起也不足一個月的時間，那剩下的十一個月怎麼辦？我們早晚做功課，加在一起每天最多三個小時，一天二十四小時，那其他的二十一個小時怎麼辦？我們祇是在一定的時空條件下修行，那麼在其他情況下怎麼辦？所以說修行是個大問題，如何真正做到一切時、一切處打成一片，是非常不容易的。昨天我講到修行要在時間上無限的延伸，空間上無限的擴展，這不是容易做到的。所以我們今天就講修行究竟落在甚麼地方，我想不外乎三個地方，即落實在工作中，落實在生活中，落實在當下一念。我們修行如果不把這三條踏踏實實地落實下去，要想證涅槃那是不可能的。解決了這三個落實，就真正做到了佛法與世法不二，寺廟修行和在家修行不二，修行與生活、工作不二，以及做到一念修行、念念修行即念念不二。

爲甚麼說要把修行落實在工作上呢？《法華經》上講：「一切資生事皆順正法。」那就是說一切與我們的生活、工作有關的事情，都與正法不相違背。佛法如果離開了世間法，那到那裏去找佛法呢？離開了具體的工作，又如何去莊嚴國土、利樂有情呢？如何去上報四重恩、下濟三途苦呢？所以我們要把修行，要把佛法，要把信仰落實在我們每個人從事的工作當中去，那我們就不會因爲工作的勞累而忘記了修行，也不會因爲要修行而厭棄工作。

我們許多在家信徒都看過不少經書，一定知道菩薩在修行的時候是來自各行各業，是在自己的本職工作中來全心全意報國土恩、報衆生恩的。《安祥集》上面講，時時刻刻生活在責任和義務中就是修行。如果一個人在本單位對自己的工作沒有敬業精神，沒有踏踏實實的苦幹精神，那麼我想他就與學佛修行是南轅北轍。當然從我們接觸的在家信徒來看，絕大多數都因爲信佛以後，在自己的工作崗位上表現得愈來愈出色，常常受到上級的嘉獎。在北京就有一位年輕人，他從我那裏拿了幾本書，看了以後他還拿給他那一小組的同事傳閱，結果當年他們小組完成的工作任務在全廠最出色，被評爲先進集體。這就是將修行、將信仰落實到工作上所產生的好效果。假設我們每一個人都能夠這樣，那麼我們佛教的形象在社會上就會大大地改善，人家對佛教的誤解也會逐步消除，而且佛教的影響也會不斷地擴大，我們的同道也會愈來愈多。如果每個人都能夠將佛法落實在工作當中，那我們就有希望把娑婆世界建設成爲人間的淨土。我們要發願，以我們自己的實際行動來莊嚴國土、利樂有情，來上報四重恩、下濟三途苦。

第二就是要把佛法落實到生活當中。當然，工作也是生活的一個方面，廣義上講一切活動都可以是生活。我今天講的是狹義的生活，我們在家信徒的生活不外乎物質生活、精神生活及感情生活這些方面。佛教的教義如果不能與我們的生活打成一片，那就意味著佛法不能夠包括一切法，也就是說佛法之外還有法，然而用佛教的觀點來講，佛法之外沒有佛法。《金剛經》上面講得很清楚，「**一切法皆是佛法**」。那麼我們如何使自己的修行落實在生活方面呢？

對待物質生活，總的原則是息滅貪、瞋、癡，要以戒、定、慧來指導我們的思想，不要過分追求物質生活，要保持一種隨遇而安的生活態度。既不過太苦的生活，也不過太奢侈的生活，佛教主張要過一種中道的生活。太苦就太虧待身體，就會給你帶來種種麻煩，使你不得自由，打坐沒有精神，拜佛直不起腰來，甚至生出種種病來；但也不能縱欲，縱欲也會傷身。所以在物質生活方面我們要過一種中道的、不苦不樂的生活。

在精神生活方面，我們信徒的一個難題是如何處理好我們的信仰生活與家庭生活的關係，很多在家信徒因爲這個問題處理不好而影響了家庭的和睦。所以尚未成家的年輕教友，在擇友的時候應該注意要選擇信仰相同、愛好一致的人，這樣我們就能在以後的生活中保持協調和諧、志同道合，並且有利於我們的修行。年長的已經成家的信徒也能夠在五戒的基礎上處理好家庭關係，這是一種合乎佛教戒律的感情生活。假使家庭關係處理不好，生活就不能安定，修行就會有障礙。對於這個問題，我個人是非常佩服基督教、天主教的傳教方式，家裏有一個人信教，那麼幾乎全家人都會慢慢地被勸化信教，而成爲一個宗教家庭。我們佛教當然也有不少是全家信佛的，這樣不但有利於我們個人的修行，也有利於家庭的和睦，佛教影響也會不斷地擴大。基督教、天主教每一位教徒加入宗教以後都要有一個任務，就是每人最少要發展三個教徒，一個人發展三個，這樣傳播推廣，無窮無盡，所以他們的教團組織發展得很快。我們河北佛教徒也應該有這樣的任務，首先從你的家庭開始做工作，慢慢爭取家人的同情、理解和參與，建立一個個的佛化家庭。

家庭是社會的細胞，整個社會就是由無數個家庭組成的。如果我們有了衆多的佛教家庭出現，我們佛教就有了紮實的基礎。我希望每一個在家教徒都成爲一名家庭的傳教士，把信仰落實到生活當中，以佛法的精神來對待生活、感化家人。但是做好一個家庭傳教士並不容易，你如果衹教他燒香拜佛，他就會產生反感。首先你自己要在家庭裏多多地付出，你在信佛以前可能幹家務活很少，那麼你信了佛之後，你就應該以一種菩薩的精神、覺者的精神，主動地來做好家庭的事情，使大家感受到你的轉變，體會到你信佛後的好處。

有一位在外跑業務的男士，原來每天在家八九點鐘也不起牀，信佛以後，因爲每天早晨要起牀做早課，五點鐘左右就起牀了；早課做完後還有一些時間，他就給全家做飯，然後送孩子上學，幾乎把早上的家務全包了。他的妻子後來對他說：「我非常感謝釋迦牟尼佛。」丈夫就問她：「那是爲甚麼呀？」她就回答說：「家務活你做了這麼多，當然我要感謝佛陀了。」這個例子是一件平凡小事，但是要知道，很多轟轟烈烈的事情都是由這些平凡小事組成的。

第三點，要把修行落實在當下。今天早上我在齋堂講了趙州的兩個公案，一個是說他終日喫飯沒有咬著一粒米，另一個是說他祇有一顆牙齒卻下下咬著了。講完以後有不少居士到我那裏去說這兩個公案，有一些人很有悟性，說終日喫飯爲甚麼卻沒有咬著一粒米呢？他說這是不執著。而爲甚麼祇有一顆牙齒卻又下下咬著了呢？他說那是不放過當下一念。所以趙州禪師用這樣通俗的例子講出了非常深刻的修行的道理，也就是我們的修行要切切實實地落實在當下，一分一秒都不要放過，所謂照顧腳下，也就是永遠生活在當下。能夠永遠生活在當下，那我們的修行就到家了，修行的大事已畢。

爲甚麼說修行一定要照顧當下呢？因爲祇有落實在當下纔是最實在的，當下管照得好，就是永遠處在現量之中。現量就是現在的認識，佛永遠處在現量之中，他不用比量，比量是思惟或思考；當然更沒有非量，非量是錯誤的認識。把修行落實在當下，使當下這一念心就像一面鏡子一樣清清楚楚，大放光明，那麼西方極樂世界就在眼前，到了臨命終時就不會擔心萬一顛倒、迷惑了怎麼辦，沒有這些問題。所以要把修行落實在當下，這是修行的關鍵之關鍵，把修行落實在當下，就可以打成一片，一心不亂。

## 第六天（一月二十四日）

今天先回答各位提出的問題，然後再簡單地講幾點用功的要點，使大家回到家裏以後可以按這個方法試一試。

第一問：佛法包括一切法。用佛家的觀點怎樣看待社會上的神漢巫婆、氣功和特異功能等這些現象？這些現像符合我們佛家的那些理論？

答：佛法包括一切法，《金剛經》上是這麼說的：「一切法皆是佛法。」那麼社會上的巫婆神漢、氣功、特異功能怎麼講呢？我們先把巫婆神漢放一邊，單講氣功和特異功能。我講的這個氣功，不是那些被扭曲的氣功，特異功能也不是那種故弄玄虛、弄虛作假的特異功能，如果是正正當當的氣功，或者是真真實實的特異功能，這在佛經上面是有記載的。

氣功在印度不叫氣功，佛教也不叫氣功，而是叫瑜伽。前幾年北京的電視裏還教瑜伽功，那就是一種氣功，一種較低層次的禪定。佛法的禪定有共世間定和不共世間定，氣功就屬於佛法的共世間定。瑜伽的意思就是相應，即身和心的相應協調，人和自然的相應協調。氣功就是要達到這種境界。

特異功能在佛教裏是一種很低層次的神通，它分兩種，一是不練就有的，在佛教裏叫報得的神通，一種是練了以後纔有的叫修得的神通。這也是無可厚非的。

所謂佛法包括一切法是甚麼意思呢？首先一個意思就是世間無論甚麼法都逃

不出佛教的三法印或四法印。世間的不管是巫婆神漢，還是氣功、特異功能，都是無常的、無我的，都是苦的、空的。佛法用這一種規律性的概念、範疇把世間的一切法都囊括在內，所以佛法包括一切法。這是用佛法的三法印來衡量世間的一切法，其規律、本質都不外乎是苦、空、無常、無我，你看世間的那一法能夠逃得了這一規律呢？沒有。再一層意思是從佛法的內容來講，佛法分爲五乘，所謂人乘、天乘、聲聞乘、菩薩乘、佛乘，一些世間的善法就屬於人、天乘的教法，也就是求人天福報的佛法，祇要引導人們向善做好事，那麼佛法也就包括了它，所以佛法包括一切法。

第二問：有沒有整個人類都往生西方極樂世界的可能性？

答：這一問首先沒有把佛法本質的意思弄清楚。佛法的本意是讓我們每一個人修一個淨土，不是說我們都要到西方極樂世界、到阿彌陀佛那個地方，纔是我們唯一的目標。我們現在提倡大家學淨土法門，是希望大家在這個末法時代、人們善根比較薄弱的環境之下，依靠阿彌陀佛的本願力，能夠往生到極樂世界去。但是佛教的本意是心淨即佛土淨，每個人都要莊嚴自己的國土，到西方樂世界不是佛法唯一的目的和法門。

第二，全人類都到西方極樂世界去是沒有可能性的。爲甚麼呢？我們天天都在念：「衆生無邊誓願度」，「佛法不能度盡衆生」。這就是說佛法不可能把衆生度盡。如果說佛可能把衆生度盡，那就是斷見，衆生總是有的，因爲不可能全人類都在同一個時間做同一個夢，所以也不可能全人類都往生到西方極樂世界去。

第三問：六祖說：「東方人有罪求生西方，西方人有罪求生何方？」這句話怎樣理解？

答：這是《六祖壇經》上的一句話，可以從兩方面來說明這個問題。一是法門不同，六祖所以這麼說；一是當機不同，所以六祖這麼說。六祖提倡禪宗，不是淨土宗，所以法門不同，他強調：「直指人心，見性成佛。」這一法門最爲殊勝，所以他强調這一點。當機不同是因爲禪宗接引上根利智的人，不是中下根的人，對於上根利智的人，他就要破他的佛見、法見，破他的於心外求法的執著。對於上根利智的人，想到極樂世界去就是心外求法。但這不是說我們往生西方極樂世界是心外求法，永明延壽禪師說：「生則決定生，去則十不去。」所謂唯心淨土，自性彌陀。禪宗的祖師大德在破佛見、法見的時候，產生了很多有名的公案。趙州禪師說：「佛之一字，吾不喜聞。」他連「佛」這個字都不喜歡聽，因爲有佛、有衆生即是二法，不是不二法，而佛法是不二法門，到究竟的時候是既沒有衆生也沒有佛，它是完整統一的境界。

「東方人有罪求生西方，西方人有罪求生何方」？是就當機而說的，到了西方，西方人是不會造罪的，這句話的重點還是在說東方，是要破當機者的執著，破當機者心外求法的執著。所以不要在字面上去摳，從字面上摳似乎六祖對淨土宗有些微詞，實際上不是，佛佛道齊，法法圓融，六祖他不會對淨土有微詞的。

第四問：目前社會上學氣功的人轉入佛門很多，這一現象如何解釋？

答：這一現象很好解釋。氣功總是要依附傳統文化的一派或一家，中國傳統文化主要儒、釋、道三大家，那麼氣功不講道家功就講佛家功，要不就沒有詞了。譬如密宗氣功、慧蓮功等等，大家在學習這些佛家功時，就接觸了佛教的教義，一旦覺得佛教的教義比氣功法門更究竟一些，那就會轉而皈依佛門，放棄氣功，這是順理成章的事情，並不奇怪。

我們辦《禪》雜誌，目的之一也是要接引一部分練氣功的人轉入佛門裏來。《禪》做爲一個橋樑，一個過渡，使氣功界的朋友自然地轉入佛門，得到究竟的法門。因爲禪的宗教色彩比較淡，强調的是修養和文化的層面，一般人易於接受。那麼由氣功到禪，雖然這時候所修的禪未必究竟，但可以因此再轉入整個佛教，所以《禪》發揮的就是這個接引作用。

當然有些人學佛以後仍在練氣功，這種情況我也對皈依弟子説過，當佛法的修行還沒有完全上路時，或者出於强身健體，還需要繼續練氣功的話，祇要不皈依它，練一練也未嘗不可。但是如果我們把它當做唯一的法門，皈依這個氣功，自己的佛法不去修，那就不對了，因爲我們皈依佛門時都講了：「皈依佛竟，寧捨生命，終不皈依自在天魔等；皈依法竟，寧捨生命，終不皈依外道典籍；皈依僧竟，寧捨生命，終不皈依外道邪衆。」所以我們一下子丟不掉氣功的話，可以把它做爲一種强身健體的手段，但不能皈依它。

第五問：佛教講無我，那麼往生西方極樂世界的不是我又是甚麼呢？

答：佛教講無我，那麼在輪迴中是無我，往生西方極樂世界還是無我，「無我」是佛教的一個根本道理。受報不是我受報，往生西方極樂世界也不是我往生西方極樂世界，有我就不能往生，那是怎麼一回事呢？

佛教的「我」的含義是常、一、自在，那麼在世間法裏是找不到「我」的存在的，因爲沒有一樣東西是常的、唯一獨立的，是自在的，祇有外道纔講所謂的神我。所以佛教强調無我，認爲一切存在本質是空，自性是空，沒有主體。那麼到底誰在受報呢？誰造業誰來受報，不是「我」受報。如果是「我」來受報，那麼「我」就可以不受報，因爲「我」代表常、自在。既然「我」是自在的，那麼「我」就能作得了主，做了事可以毫不負責任，實際上你作不了主，造了業你要受報。我們的意識就像滾滾向前的河流一樣，永遠處在相似相續之中，在不斷發展變化，是無常的、無我的，所以是苦的、空的。無我的道理非常深奧，正如《法華經》上講的：「止止不復說，我法妙難思。」對於有我的人來說，這個道理永遠也講不清楚。

佛教講因果是完全把這個我排除在外的，我們本身的存在就是因，同時又是果，我們的意識之流本身也是一個因果體系，所以是誰種因誰受報。

第六問：一個人造了惡業，別的人替他懺悔，能不能減罪？

答：按照《地藏經》、《藥師經》的教義來講是可以的，但不一定是非常究竟的，一個人造了惡業是要靠他自己來懺悔纔是最究竟的。那麼他的家屬或者別的人代懺悔，給他一種好的信息，也可以幫助他減罪。根據《地藏經》上講的，代做功德若爲七分，那麼被替的當事者得一分，其餘六分由代做者得。

第七問：《阿彌陀經》講了西方極樂世界和阿彌陀佛的種種相好，但是《金剛經》上又說：「凡所有相，皆是虛妄。」這兩個是不是互相矛盾呢？

答：《金剛經》上講的和《阿彌陀經》上講的並不矛盾，這是因爲法門不同，前者是無相法門，後者是有相法門。無相法門是接上善根的人，有相法門針對的是那種不明因果的人。法門不同，對機不同，所以兩部經的說法不同，而不是互相矛盾的。

不論我們修甚麼法門，我們都不要過分地執著於相，否則容易出毛病。我說我們要把平常心落實在修行上也是這個意思。我們念佛念到相應的時候，就會有種種瑞相出現，也可能有種種魔境出現，因爲有佛、菩薩的加持就會有瑞相，有無始以來的業障就會有魔境。瑞相也好，魔境也好，一概以平常心來對待，這就沒有關係了，就不會走火入魔了。

第八問：臨終時有冤家干擾怎麼排除？平常念甚麼能消除冤業？

答：這些問題其實你自己也解答得了。我們每個人都有業障，無業不生娑婆，我們念佛修行就是要消除這些冤業，小的冤業是可以改變的，大的冤業則是無法改變的。大的冤業，如殺、盜、淫、妄這些不通懺悔的罪業，那是一定要受報的，因為定業不可轉，佛不轉定業。其他的像「舉心動念，無不是罪，無不是業」，那就是可以懺悔。所以臨命終時，有冤家來干擾，還是那一句老話，就是平常要把本錢、資糧備得足足的，好比我們已是腰纏萬貫一樣，欠人家的一點小帳，應付了就完了，我們還可以繼續往前走，所以備足資糧很重要。這個資糧是福資糧和慧資糧，有了這兩個，我們往生西方極樂世界就有了把握。

我們要解除冤業，平常在家裏最好的辦法還是念觀世音菩薩。觀世音菩薩是「千處祈求千處應，苦海常作渡人舟」。佛、菩薩是絕對沒有虛誑語的。

問題就解答到這裏爲止，下面我簡單地講一個修行的方法，實際上這幾天也都講了，祇是沒有歸納在一兩句話上。這個方法是我個人的體會，就是把念佛這個正念無限地延伸下去，並且無限地擴展開來。這就是先要抓住一點，然後再延伸，再擴展，這叫做由點到線，由線到面。

甚麼是由點到線呢?在我們開始用功的時候，念佛的這一正念總是不能夠延續下去，中間總有雜念妄想，前後就不是一個念，而是有多種念頭。譬如有的人念一句阿彌陀佛，又想到家裏該買年貨了；再念一句阿彌陀佛，又想到大白菜凍了沒凍；再念一句佛號，又想到兒子、女兒不知怎麼樣了；中間總有這些雜念橫梗著，那麼念佛這一念就不能夠延續下去，要把它延續一分鐘都不可能，甚至延續半分鐘都很不易。那麼我們就要讓這個斷斷續續的正念形成一條線，也就是先從「……」逐漸連成「——」，然後延伸爲一條線。妄想愈來愈少，我們的正念就會慢慢地延伸下去，一分鐘、兩分鐘、五分鐘，……直到能夠一支香下來都是正念綿綿密密，中間沒有任何妄想，這就是由點到線。

這種一條線的境界還是在靜中，也就是我們打坐或者念佛的時候能夠做到這一點。腿子一放下來，或者走出這個佛堂了，還是與張三、李四說長道短，這個正念又打失了，這就是這條線還沒有擴展到面上來。如果是把這條線慢慢地變麤，麤到可以把所以的空間都佔據了，在一切時、一切事、一切處都不迷失，那就真正做到了一心不亂，打成一片。這就是我們修行中的由線到面。

以上講的就是修行的一點點訣竅，希望大家好好記住。

一九九二年一月十九日～二十四日

# 授五戒開示

今天，應小祁、小張等居士一再要求，我以這個簡單的儀式來傳授五戒。各位想要來受五戒，想到要自覺地用佛教的戒律來約束自己的言行，説明各位在學佛的認識上、佛法的修持上有所提高。

關於五戒的條文，我在每一次授三皈時都向各位講過，但各位還應曉得，在受戒之後如何按照戒條的要求去付諸實踐，並且在甚麼情況下應該持，甚麼情況下應該開。因爲戒律有開、遮、持、犯。

五戒是在家佛教徒對自己生活、修行最起碼的要求，也是成佛、度衆生之基礎。推而廣之，五戒也是我們做人的道德要求或生活準則。佛教不過使之條文化、具體化，從而便於我們在生活中遵守。

從理論上講，五戒的基本精神是要求我們樹立一種慈悲的觀念、道德的觀念、智慧的觀念。因為有了慈悲的觀念，我們就不會殺生，不會對一切有生命的東西懷有敵視、仇恨的態度，而能以慈悲的心懷來對待一切衆生，那麼我們對人自然會百倍地加以愛護和尊敬。有了道德的觀念，我們就不會隨便拿人家的東西或佔公家集體的便宜。就不會在行為上、在男女之間的關係上產生越軌的行為。有了智慧的觀念，我們就不會說謊話、開口罵人、挑撥離間、說低級下流的話；就不會飲酒，因為飲酒本身是非理智的表現，飲酒後更使理智進一步喪失。所以，五戒的基本精神是要我們時時處處尊重他人，要以慈悲為懷對待他人的利益。這也就是佛教戒律的根本出發點。

五戒的內容。第一條是不殺生。它的主要對像是指人。比丘戒和菩薩戒是把殺人和傷害一切動物這兩種分開的，殺生戒主要是指人——所謂「不故斷人命」，即不故意去對他人的生命造成威脅甚至置於死地，「故」是指懷有極端瞋恨心直至非把他人置於死地。所以佛教的戒律是結合動機和效果兩者來衡量犯戒的輕重的，其中特別强調動機。不殺生戒既然是指不故斷人命，那麼，對其他一切有生命的東西，祇要從慈悲的觀念出發，推而廣之，都加以尊重和愛護即可。這就排除了在家佛教徒的生活、工作中很多不必要的思想顧慮，把不殺生戒的主要、次要的對象明白後，有關殺生、喫素等問題都可以迎刃而解了。

第二條是不偷盜。一個生活嚴謹的人不會犯這條戒。所謂偷盜，在戒律上也有一定的規定，不到「值五錢」的東西就不算犯盜戒。當然，我們在生活上要嚴格要求自己，凡是他人的東西，沒有徵得他人同意，我們就不要隨便移動其位置；對於公共財務也不要隨便拿來使用，更不能佔爲己有。

第三條是不邪淫。在家教徒可以有正當的夫妻生活，不能有婚外的男女關係；另外亦有一定的時間、地點的限制，譬如在別人家裏作客或回娘家要分居，逢六齋日以及父母、自己和知道的諸佛、菩薩的生日要清淨。

第四條是不誑語。對於居士主要指不妄言即不說謊話，不兩舌即不挑撥是非，不惡口即不罵人，不綺語即不說淫穢下流的語言。

第五條是不飲酒。我們學佛的人，既然要守戒、修定，要有智慧，就時時刻刻要保持清楚的頭腦，要使我們的感情經常處於高度理智、智慧的指導之下。而酒是起麻醉作用的，喝酒後會喪失理智與智慧，就很容易做出越軌的事情來，甚至把前四條戒都犯了。

另外，有的居士剛纔還提出來也不要抽煙，因爲抽煙直接影響我們自己和周圍人的身體健康，這種對人身體造成覆滅性的影響不亞於殺生。

既然我們受了三皈五戒，我們時時刻刻就要想到戒律的精神，時時刻刻用戒律的條文來約束自己的言行，時時刻刻想到自己的生命和佛教聯繫在一起了，想到佛教因爲有了我的信仰和實踐而給佛教的整體形象帶來榮耀。所以，我希望我們每一個佛教徒都要有一種集體榮耀感，使佛教的精神通過我們的一言一行體現出來，這樣佛日纔能增輝，法輪纔能常轉！

一九九二年四月，講於北京

# 趙州柏林禪寺一九九二年禪七開示

## 起七說偈

湖海英才不畏難，撥塵來叩趙州關。
門開不二參真諦，法繼靈山悟笑顏。
鉢裏清茶香味永，庭前柏子色依然。
棒頭點出虛空眼，浩浩禪河起巨瀾。

# 第一天講（十月二十日）

各位法師、各位居士：

趙州祖庭柏林禪寺一九九二年冬季禪七法會今天正式開始。趙州祖庭本來就是一個禪宗的道場，由於歷史的原因，這個地方的宗風曾經改換過多次。到了清朝末年和民國初年以來，由於受到時代的衝擊，加上本身沒有人弘揚，沒有人住持，柏林寺可以說是宗風掃地。這個地方父老鄉親曾經一再地對我說，從他們記事以來，柏林寺就是一片廢墟，七、八十年以來一直都在拆，一直在破壞。當地有一首民謠說：「大寺三件寶，破磚、亂瓦、毛毛草。」當地的父老鄉親，也一直在為這個寺院遭到破壞而歎息。

這次由於趙州祖師的靈感，由於時節因緣的聚會，趙州祖庭終於有了一個初步復興的氣象。在這個時候，本寺的法師們，石家莊的居士們，還有外地的居士們，以及省佛教協會的同仁，都一致要求柏林寺普光殿落成以後舉行一次禪七法會。從我本人來說，多年以來雖然修學的重點是禪宗，也親近過禪宗大德虛雲老和尚多年，但是由於種種原因，已有三十多年没有參加禪七了，對於主持禪七更感到誠惶誠恐。但是大衆這種殷勤求道的心情感動了我，所以，擠出時間來舉行這次禪七法會。

這次參加的人雖然衹有四十多位，但是以我過去參加禪七的經驗來看，禪七法會每次有六、七十人參加最合適。現在，在國外舉行禪七一次也衹有十幾個人，二十幾個人，有三十幾個人就很好了。因爲人多了顯得比較嘈雜。再有，坐禪是需要有人指導的，人多了僅僅是湊湊熱鬧而已，要個別地、一個一個地指導就很困難了。所以這次禪七法會，能夠有這麼多人參加，應該説是趙州祖師靈感所致，這也是柏林寺復興氣象的感召。來參加這次法會的，有來自天津、湖北、河南、山西的人，也有本省各地的善男信女。

參加禪七不同於一般的佛事活動。因爲第一，禪七是一種克期取證的專修活動。在禪七中盤腿打坐是第一關。腿子不過硬，用功很難上路。今天是第一天，就有些人感到腿子疼，喫不消，在這樣一種情況下，不可能有很多人來參加。第二，禪宗這一法，説起來很容易，真正要領悟，還是非常困難的。我們是一個具縛凡夫，用禪宗的眼光看，我們每個人，當下就是佛。對我們一般的人來講，這樣高的要求，敢於直下承當的人確實不多。所以，禪宗這一法，真可謂是難信之法。因此，不是上根利智，不發大願心，没有堅强的意志，没有堅毅的個性，是很難進入禪門的。

今天是禪七法會的第一天，我想就參禪應該注意的一些基本事項，概略地講一講。打禪七同一般的修定在形式上没有甚麼區別。按照一般修定的方法，首先就是要注意「調五事」。調那五事呢？就是調飲食、調睡眠、調身、調息、調心。把這五件事調整好了，使它們協調、平衡了，我們就能真正地進入禪定的境界。

第一，調飲食。因為修定和進食是分不開的，一個人不喫飯不能修定，喫得太飽了也不能修定，所以修禪定的人不要喫得過飽，喫八分飽就可以了。當然，進食太少或者餓著肚子也不能修禪定。因為進食太少，熱量不夠，提不起精神，坐下來不是昏沈，就是掉舉。昏沈就是想睡覺，掉舉就是打妄想。寺院裏的飲食最適合我們修禪定，因為它既没有雞鴨魚肉，又没有葱、蒜、韭菜、雞蛋。做為一個修禪定的人，或者說一個修行的人，喫魚肉、雞蛋對修定是一種障礙；特別是葱、蒜、韭菜、雞蛋這些東西，刺激性比較大，喫了以後身心不容易平靜，不容易穩定，難以入靜。爲甚麼佛制戒律要戒五辛，其道理也在這裏。

還有，在修禪定時，對於有些與自己飲食習慣不合的食物，也不宜食用。譬如一個不喫辣椒的人，偏要去喫它，就會產生副作用，或者誘發了自己的舊病，或者使四大失調，產生別的毛病。總之，調食的要點是：不飽、不饑、不喫穢濁之物和不宜之物。佛經告訴我們：「身安則道隆。」怎樣纔能達到身安呢？調飲食是重要的條件之一。經上說：「飲食知節量，常樂在空閒，心靜樂精進，是名真佛教。」

第二，調睡眠。修禪定的人是不是睡得愈少愈好呢？不是的，睡眠的多少應該根據每個人的年齡來定，根據每個人修行的層次來定。修行層次比較高的人，工夫高深的人，睡眠就會減少，這就是具備定的一種效果。道教講「神滿不思眠」。修禪定人要保證有一定的睡眠時間。特別是夜間坐禪，時間不能太長，瞌睡來了還堅持就會東倒西歪，得不到甚麼效果。但有的人瞌睡來了就去拜佛，這當然也是一種方法。但是做爲修定的人來講，應該有充足的精力纔能進入禪定。調睡眠要點是：神氣清朗，心念明淨，這樣纔能進入禪定的境界，使三昧現前。我想說明一點，這裏講的調睡眠的方法，主要是針對現代人的生活環境講的。尤其在家二衆，都要從事一定的工作，都有家庭生活的負擔，要有健康的身體，纔能適應現代緊張的生活環境。從總的精神來說，做爲佛弟子應當勇猛精進，不能貪睡，更不能睡懶覺，當念無常之火，燒諸世間，精進修持，早求出離。

第三，調身。包括修定時的調身和平時的調身兩個方面。平時不修禪定也要注意調身，這就是《小止觀》所說的，如果身在定外，行走進止，動靜運爲，也要加以注意，不能行爲麤獷，放逸身心。假使我們平時不注意保持心態的安詳，就會導致氣麤息滯，心散意亂。坐下來修禪定也會煩躁不安，心不恬怡。所以，修禪定的人在定外也要注意調身，爲修定養成良好的心理素質。

修定時的調身包括坐的環境和坐的姿式。坐的環境指處所和座位。打坐的地方要空氣清新，房舍乾燥、安靜；座位要平穩、柔軟。坐的姿式，按照修定的要求必須是結跏趺坐，或者單跏趺，就是說的單盤；或者雙跏趺，就是一般說的雙盤。跏趺坐是佛陀修行成道的形象，我們學佛修定就要如佛所坐。跏趺坐的要求是先將右腳收攏，然後把左腳放在右腳上；如果是雙跏趺，再將右腳置於左腳之上。腿子盤好了以後，就要注意把腿子蓋好，不能露風，不能讓腿受風。這次禪七，常住給每個人發了一牀毯子，由於大家坐的姿式不對，包的方法不對，風還會從兩邊侵入膝蓋，侵入大腿，這樣腿子會更疼。把腿子包好，既可起到固定腿子的作用，又不會受風寒。不管在寺院裏打坐，在家裏打坐，或者是在宿舍裏打坐，每個季節都要把腿子包上一點。修行人，打坐的人保護好腿子是非常重要的，因爲腿子受了風寒以後，就很難練好跏趺坐。腿子包好了，坐穩了，然後身子就略微往前傾一下，使尾閭鬆開。

坐的姿式要求鼻子與肚臍成一直線，身子不曲不聳，不偏不斜，頭不低不昂，平面正坐。坐時身子不要往後靠，腰板順其自然挺直，頭頸剛好靠著自己的衣領子，眼睛闔上，不要緊閉，以斷光爲宜。如果坐時昏沈重，也可以睜開眼睛，以三七開爲宜，即閉七分，開三分，這樣就會減少昏沈。假使昏沈特別重，就可以把眼睛睜開，挺挺腰板，抖擻精神，就可以驅散昏沈。兩手結禪定印，禪定印是右手在上，左手在下，兩個大拇指相對，而且在每一座的過程中都不要鬆懈，這樣有利於注意力的集中。如果在坐的時候感覺到有一股股暖流衝向自己的鼻子，或者說自己坐的時候上了火，這時可以不結手印，把兩隻手放在兩膝之上，掌心向下，把心火引向下走。調身的要點是：不寬不急，端身正坐，猶如磐石，堅不可動。

第四，調息。息指呼吸。我們平常人的呼吸短促，麤滯，很難入靜。坐禪的人必須把呼吸調好。息有四種相狀，即風、喘、氣、息。前三種爲不調相，後一種爲調相。甚麼是風相呢？坐禪時鼻中出入息有聲音，就是風相；甚麼是喘相呢？坐禪時鼻中出入息沒有聲音，但出入不順暢，結滯不通，這就是喘相；甚麼是氣相呢？坐禪時鼻中出入息既沒有聲音，也不結滯，但出入息麤而不細，這就是氣相；甚麼是息相呢？坐禪時鼻中出入息沒有聲音，順暢不結滯，微細不麤重，出入綿綿，似有似無，精神安定，情緒愉悅，這就是息相。根據息的四相來判斷我們坐禪時出入息的情況，可以少走彎路，有利於禪境的深入。同時，必須使自己的出入息達到第四種息相的要求，不能停留在前三種息相階段，因爲「守風則散，守喘則結，守氣則勞」，祇有「守息」纔能「定」（守息即定）。總之，調息的要點是：心細息微，出入綿綿，若存若亡，不澀不滑，其心易定。

第五，調心。心就是我們的意念。調心的方法有多種，最簡單的一種方法，就是讓意念和呼吸處於同步的位置。也就是說把意念集中在呼吸上，知道自己在呼氣，知道自己在吸氣，這就是使意念和呼吸處於同步的位置。這種方法比較容易入門。在這種心態下就可以使一切妄念止息，祇注意自己的呼吸，很快就可以入靜。在入靜的時候，眼睛微睜，否則容易昏沈。當然還有其他的調心方法，如觀心，觀察我們每一個心念的起滅，觀到一念不生，整個的內心世界就像月夜天空，皎潔無瑕，明明朗朗。作爲初步工夫，還是以觀息——觀察呼吸，使意念和呼吸處於同步位置，這種方法比較容易入手。

從每一次坐禪來說，調心有入、住、出三個階段。所謂入，就是由麤入細，令心安靜，進入禪定的狀態，調伏紛亂的想念，使心念不向外馳求；同時也要讓意念沈、淨、寬、急得當，處於穩定平衡狀態。所謂住，就是根據每一支香的時間長短，或者是一小時，或者是二小時，在這中間要攝念用心，使身、息、心三事調適，安穩正坐，使息道綿綿，若有若無，心神悅愉，定相現前。所謂出，就是每一支香開靜時，或者是自己坐禪要下座時，應該放鬆意念，轉移注意力，開口放氣，想自己的百脈隨意而散，然後微微搖動身體、兩肩、胳膊、頭、頸，並輕輕放下兩腳，用手從膝蓋至小腿處輕輕按摩，令血脈貫通，然後由前額至後腦勻，按摩數次，使全身在坐禪時產生的熱量舒散開來，然後徐徐經行。這時仍要使意念與呼吸同步，不要丟失坐禪時的安詳心態。

以上講的調五事的方法，雖然出自天臺智者大師的《小止觀》，但它是修禪定的基本功，也是參禪的入門方便。從根本上講，參禪是沒有甚麼可以商量、可以言說的。可是，上根者少，頓悟難求，沒有方便，難達究竟。所以不妨拾古人吐沫，作東施效顰，東拉西扯，說些謄語。

修禪宗同修其他法門一樣，一要信，二要行。信甚麼呢？一是確信參禪這一法能開悟，能解決我們的生死大事，獲得解脫；二是深信因果輪迴這樣的規律是真實不虛的，深信種甚麼因，就會得甚麼果的道理。我們今天種成佛的因，將來就必定會得成佛的果。因果是絲毫不爽的，如是因生如是果；三是要信自己的本性和佛沒有兩樣，衹要你把衆生這方面的習氣煩惱除掉了，你當下就是佛。怎樣行呢？行就是修行，就是修正我們的行爲想念。修行包括許多方面，守持五戒，行四攝法，廣修六度，都是修行的內容，我們要遵循戒、定、慧的修行次第，勤修戒、定、慧，息滅貪、瞋、癡，斷除煩惱，止息妄念，淨化自身，服務他人。這就是行的具體內容。我們現在是專修的時候，就要精進不懈，持之以恆，把我們自己當下一念照管好，這也就是行。衹有信，沒有行，我們永遠到不了涅槃彼岸。有信有行，然後纔有證悟。

「佛法大海，唯信能入。」參禪跟修其他法門一樣，沒有真正的信心也是難入禪海的。不同的是禪宗還提倡「疑」，唯疑能悟。能「信」纔能入禪，能「疑」纔能悟禪。疑個甚麼呢？疑我自己的本性與佛無二無別，但是我爲甚麼不能像佛一樣具足神通變化、廣大智慧和無量功德呢？這就值得懷疑。還有一種疑，即我與佛無二無別，佛有三明六通，能知過去未來，我爲何連自己的本來面目是甚麼都不知道呢？不要說父母未生以前，就是我們這一輩子哇哇落地的時候是個甚麼情景，我們也一無所知。這都是值得我們深刻反省，深刻懷疑的地方。我們要從這些方面起疑情，一直追問到底。我今年如果是二十歲的話，我就反省十九歲、十八歲的事，一直反省到剛剛記事的時候，看我能不能夠把我這二十年或三十年的經歷弄個清清楚楚，明明白白，然後再往前繼續反省，繼續懷疑，看我未出娘胎以前是個甚麼模樣？如果對那個時候的情景也瞭如指掌，那我們就繼續反省，繼續疑。這是一種疑的辦法。這種辦法的好處在於能夠刨根問柢，窮追猛究，但它又容易引起妄想。

還有一種辦法就是《六祖壇經》講的，慧明上座追趕六祖，要爭奪六祖得法的衣鉢。六祖很坦然地把衣鉢放在石頭上，讓慧明去拿。慧明上座去取這個本來祇有幾斤重的東西，竟然拿不動、舉不起。這時候，他生起了大慚愧心、大懺悔心，趕快向六祖求法，六祖沒有說別的，衹是叫他：「不思善，不思惡，正在這個時候，誰是你慧明上座的本來面目？」我們可以用這個話頭來參究。怎麼參呢？看我前一念已起，後一念還沒有生起，這一瞬間，我在那裏？在這一瞬間，誰是我本來面目？誰是我的主人翁？也可以這樣來參，喫飯的時候是誰在分別那個菜好喫，那個菜不好喫？在我們和別人接觸當中，聽到的有贊歎的話，有批評的話，又是誰在分別這是贊歎我的話，那是批評我的話，甚至毀謗我的話呢？參！

## 第二天講（十月二十一日）

今天是這次禪七的第二天。

昨天講到宗門一法是**唯疑能悟**。「疑」就是向我們現實的人生提出問題。這些問題在一般人看來都不是問題，但用禪宗的眼光來看，用佛教的眼光來看，它們都是問題了。譬如說，你喫飯時：「是誰在喫飯？」一般的人就說：「我在喫飯！」你睡覺時：「是在睡覺？」一般的人就說：「是我在睡覺！」念佛時：「是誰在念佛？念佛的是誰？」一般的人就說：「我在念佛！」就是說，從世俗的觀點出發，這些都不是問題；但用佛教的眼光來看，特別是用禪的眼光來看，這些都是問題。因爲世俗的觀點處處都是從自我出發，那麼「我」究竟是個甚麼東西呢？一般的人就認爲我就是我，而佛教認爲「諸法無我」。在一切事物中，一切行爲中，離開了所有的條件，能找出一個絕對獨立自在的我嗎？找不到。所以世俗認爲不是問題的問題，用佛教的眼光來分析全是問題了。既然全是問題，那麼我們就不能沒有懷疑。禪宗用功就是要對這些不成問題的問題一個個地去懷疑它、追問它，找出一個究竟，把人生的大迷弄個水落石出。古德參禪就是從這裏入手。

現在禪門都提倡參話頭，如「萬法歸一，一歸何處？」「念佛是誰？」「拖死屍的是誰？」等等。但從祖師的語錄記載來看，古德用功沒有一個固定的話頭或公案，而是就每個人的根性，就每個人當下存在的問題，給予解決，給以點撥；如果機教相印，一言相契，就算入了門，開了悟。古人的根性不同，師承也不同。在古代，僅僅是盛唐到晚唐這個時期有記載的禪師就有幾百名，那些不見經傳的人就更多了。所以說，那個時代的人根器很利，每個人當下存在的問題一經點撥，就能悟入。由於各人悟道的因緣不同，就形成了許多公案，後人總結爲一千七百則葛藤。

有了公案，就有人模仿，照葫蘆畫瓢，很容易產生弊端。大約從宋代以後，就慢慢形成爲「話頭禪」或「看話禪」。就是選幾個最具普遍性的話頭（問題）令學人參究。明清以來念佛法門比較興盛，於是就參：「念佛是誰？」從清朝一直到現在，參「念佛是誰？」這個話頭的人比較多。「念佛是誰？」是不是要念這個話頭呢？是不是整天把這四個字念個不停呢？不是的，那不是「參」話頭，那是「念」話頭。「參」話頭有兩種提法：一種叫「參」話頭，一種叫「看」話頭。我覺得，用「看」這個字比較確切。看是用心來觀照。觀照個甚麼東西呢？觀照的是一念未生以前（即所謂「話頭」），不是一念已生之後，一念已生之後就是話尾了。「看」就是觀照。當然，也不是說「參」就不對。比較起來，「參」應該是根器利的人纔比較適用。因爲「參」有種種的比較，而在這種比較當中又要不起分別。那麼應該怎樣來看話頭呢？應該是死死地盯住你當下的這一念心。如貓捕鼠，要一眼不眨地盯住牠，看牠從甚麼地方出來。老鼠一出洞，一下子就要把牠抓住。妄想一起，當下就要覺照，不要放過它。又譬如一隻老鼠被關在棺材裏，見不到光明，得不到食物，牠想出來，就必須認定一處啃出一個洞口，這纔能鑽出棺材，見到天日，見到光明。

這兩個譬喻都說明一個問題，就是說用心不能雜，而且在不雜用心的時候，又要清清楚楚、明明白白，不能糊裏糊塗、昏昏沈沈。就是說在看「話頭」的時候，既要有定的攝持，又要有慧的觀照。這種工夫要做到行不知行，坐不知坐；碰在樹上，會伸出手來，同它握手；碰到柱頭，會說聲：「對不起。」爲甚麼呢？因爲他沒有分別。碰到了樹，以爲是碰到了親朋好友；碰到了柱子，以爲是防礙了別人的工作，趕緊說一聲：「對不起！」要這樣用功，纔能真正入道，纔是真正修行。用功達到一念不生的境界，那裏還會想到腿子疼，那裏還會有工夫管它幾點鐘，幾個小時！

我們既然有機會參加這個「禪七」法會，大家千萬不要錯過這個因緣，外寮的法師們、居士們爲我們大家操勞，堂裏的護七師也在爲我們操勞，常住又爲我們提供了種種方便。我們應該橫下一條心，在這七天中，真正做到克期取證。在這七天當中，要在生死大事上見個分曉。禪堂是一個大冶洪爐。在這個大冶洪爐裏，是金、是銀、是銅、是鐵分得清清楚楚。這一枝香，這一念清淨心，就是我們成佛的種子，就是我們入道的最上因緣，希望大家不要錯過。參！

## 第三天講（十月二十二日）

光陰過得很快，禪七的第三天又要結束了。昨天講到「參話頭」與「看話頭」。我說「參」與「看」有區別。「參」偏重於慧，「看」偏重於定。作爲初用功的人還是以看話頭作爲入門的方便比較容易得手。昨天我還講到「看」就是觀照。觀照甚麼呢？禪宗裏講不觀七識，也不觀八識，就是觀我們現前的一念心，實際上就是觀第六識。能夠時時刻刻盯著現前的一念心，讓它孤立起來，所謂「觀」就是要讓當下一念孤立起來。怎麼「孤立」呢？就是和過去的念頭不接續，和未來的念頭不聯繫，使現前一念時刻呈現在當下。當然，所說的當下轉瞬即成爲過去。但是如果你死死盯住當下這一念心，那麼當下這一念就孤立起來了。大家也看過禪宗方面的書，所謂「歷歷孤明，不續前，不引後」，就是讓現前的一念心歷歷孤明，像點著的一盞燈，沒有風吹，火焰完全是向上的、孤明的，不會搖擺。古人講「不與萬法為侶」，就是叫我們把當下的這一念心孤立起來，不與萬法作爲伴侶，作爲朋友。所謂「伴侶」、「朋友」，就是妄想、煩惱，就是無明。

另外，古人又說「不與諸塵作對」。我們不與萬法爲侶，也不要把萬法當成我們的對立面。因爲有了對立面，這一念心同樣也孤立不了。「不與諸塵作對」，就是說我們要以一種包容的心，把所有的東西、所有塵垢以一種包容的態度加以含攝和消解；就是說，妄念起來了，我們不與它作對，而是不理它就完了，所謂「念起即覺，覺之即無」，就是這個道理。如果我們真正能夠使當下一念歷歷孤明，並且使它保持下去，那麼工夫就開始上路了。如果能夠從五分鐘延續到十分鐘，從十分鐘堅持到一刻鐘、一枝香，那麼這枝香一彈指間就過去了。如果我們做不到這一點，那就會在蒲團上扭來扭去，腰酸腿疼，覺得一枝香比一天還長。這就是說我們的心既在與萬法爲伴侶，又在與諸塵對立。這一念心孤立不了，這一念心在念念分別，念念生滅，念念遷流，念念攀緣，用功就難得上路。我們這一念心本來是光明自在，無罣無礙，就是因爲我們攀緣多，纔不能解脫，本有的光明不能顯現。

唐朝有一個張拙秀才，他寫過一首悟道詩，其中有這樣幾句話：「一念不生全體現」，我們用功到一念不生的時候，我們的真如佛性就會體現出來。「六根纔動被雲遮」，如果六根與六塵一相接，就生起了妄想，又不能及時覺照，那麼我們這一片真心的光明就會被烏雲遮蔽。同時他還說，「斷除妄想重增病」，這就是剛纔說的，「不與諸塵作對」，你要作意去斷妄想，這本身又是一個妄想、一種病。妄想來了，知道就行了，所謂念起即覺，妄想來了不要有意識地去壓制它、排斥它，不理它就行了，不理自退。他還說，「趣向真如亦是邪」，如果我們作意要求開悟，今天要見真如，明天要見真如，而不認真地修行，這也是一種妄想。佛教講，祇要你努力耕耘，就一定會有收獲。不要天天把成佛掛在嘴上，天天說要見性、要開悟，重要的是你去行。祇說不行，永遠也成不了佛，永遠也見不了性、開不了悟。

古人把我們修行的路徑指示得非常明確，祇是我們自己不肯下決心，沒有一種堅決向道的心。特別是我們出家人，頭髮剃光了，住在寺院裏，究竟是爲了甚麼呢？這個問題，我們每個人每天都要很好地去思考。柏林寺是一個纔開辦的道場，就有種種不如法的地方，種種障緣，種種敗壞清規的事情，使人一想起來就非常痛心。我們住的房子是十方信士捐錢修建的，我們穿的衣服是十方信士布施的，我們喫的一粥一飯都是十方施主的血汗。如果我們沒有向道的心，不認真修行，那麼我們天天欠的債怎麼來償還呢？古人說：「十方一粒米，重如須彌山，喫了不了道，披毛戴角還。」對於十方施主的布施，古人看得如此嚴肅。想想我們今人，想想我們現在，確實慚愧得無地自容。我們的《共住規約》宣讀過一遍又一遍，大家也確認首肯了，但是確認歸確認，有些人仍然我行我素，置清規戒律於度外。這種現象是絕對不能容忍的。我想在這個「禪七」以後，一定要嚴肅清規，真正地將柏林寺的道風很好地樹立起來。祇有這樣纔能使北方的佛教保持自己的特色，纔能夠在社會上站得住腳，纔能夠爲佛教增光。我希望我們柏林寺的全體僧衆要善自珍重！參！

## 第四天講（十月二十三日）

今天已經是禪七的第四天了。用功相應的人，應該有個入處了，因爲七天的時間過了一半多了。我在第二天就說過，打七就是要克期取證，所以到了第四天，工夫應該是順手相應了。在這個階段，會有種種的影象、種種的境界出現。

有的居士對我說，祇要眼睛一閉，眼前就出現光明。見到光明、見到境界，好不好呢？從佛教一般的法門來講，修行要能夠見到好相，見到了好相纔說明我們用功得到佛、菩薩的加持，使自己本有的光明和諸佛、菩薩的光明感應道交，這樣纔會有種種境界出現。從禪宗的角度來看，修行用功出現境界是必然的，是一個必然的過程。虛雲老和尚五十六歲在揚州高旻寺打禪七開悟前一兩天，坐下來就能看見三叉河往來的船隻，看到整個山河大地沒有甚麼障礙，自己就坐在一大光明藏裏面。這也是一種境界。那麼禪宗是如何對待這種境界的呢？我昨天講到張拙秀才的悟道詩有「凡聖含靈共我家」的句子，從禪宗或者從整個佛教來看，一切的境界無非是自己內心的外化，或者說是自己本有光明的一種顯現。既然是自己本自具足的，所以見到一點好境界不必生歡喜心。一生歡喜心就很可能讓歡喜魔乘虛而入，使自己誤入歧途。所以，禪宗主張在一切境界面前，不管是好的境界，還是壞的境界，一概都以平常心來對待，都把它消歸自己，都看成是自己八識田中含藏種子的顯現。對好的境界不要生歡喜心，以平常心對待；對不好的境界，也不要恐懼，還是以平常心對待。這樣，自己就能夠越過境界而繼續深入地用功修行，好的消息還後頭呢！

用功到了念頭純熟的時候，應該時時刻刻保任這一念清淨心，保任這種平常心。怎麼樣保任呢？就是要在一切時、一切處、一切境緣中保持不迎不拒的心態。「不迎」就是不去攀緣，「不拒」就是境界來了不要迴避，祇要時時刻刻不失掉覺照。一旦失掉了覺照就有可能對好的東西去攀緣，對不好的東西加以拒絕。這也就是昨晚所講的「與萬法爲侶」，就是去「迎」；或者是「與諸塵作對」，就是「拒」。一迎一拒，我們的心就不是完整的、統一的，就是一個分裂的心了。

修行參禪就是要使我們這顆分裂的心逐步趨向統一和平衡。我們的心和整個的外在世界成爲一個完整的統一體了，那就是一顆平常的心。這個平常的心，說起來容易，做起來、實踐起來就不是那麼容易的事情。要保任甚麼東西呢？就是要保任這顆平常的心，保任我們在用功中所成就了的這種覺照。祇有把這種覺照保持住，即把有間斷的覺照連貫起來，不讓妄想雜念介入其中，要做到這一點，就必須不迎不拒，經常提起覺照，所謂念起即覺，覺之即無。因此說，參禪這一法，祇要我們真正下決心去實踐，真正以最大的決心、最大的毅力去窮參力究，確實能夠收到立竿見影的效果。

元朝的高峯禪師曾說過：「如果有人放下萬緣，窮參猛究，七天不開悟，截取老僧的頭去。」祖師能發這樣的重願，決不虛言，因爲悟道的聖人是不會說謊欺騙我們衆生的。他們說的每一句都是從自己對衆生的深切責任感出發的，所以我們一定要相信古聖先賢的垂教，死心塌地地做工夫。工夫相應了，開悟並不是一件難事。相應以後，觸著碰著就有開悟的可能。《六祖壇經》講：「迷聞經屢劫，悟在刹那間。」各位不要把開悟看成是一種高不可攀的境界，看做與我們無緣的事。

開悟了並不等於大事了結，開悟以後還要繼續修行。開悟衹是說我們認識到了一種正確修行方法。南嶽懷讓禪師在見六祖時，六祖問他：「甚麼物，恁麼來？」懷讓說：「說似一物即不中。」因爲一落名言、相狀就是分別，所以不能形容。六祖接著問：「還可修證否？」懷讓說：「修證即不無，染污即不得。」就是說，一個人開了悟以後，就再不會被染污，但是還要繼續修行，開悟以後的修行纔是真修，叫做「悟後起修」。那麼，我們普通人，在沒有開悟以前的修行和開悟以後的修行兩者有甚麼區別呢？我曾經有過一個譬喻，我們沒有開悟之前好比是處在一個黑暗的屋子裏，也曾聽人講過這屋子裏有燈光設施，但是這個黑屋子沒有窗戶，連一點光線也沒有，我們要找到燈光設施的開關非常困難。祇能倚著牆、挨著柱頭去摸、去尋找。如果路徑比較明白、熟悉，就會順著不高不矮的牆角，或者順著柱頭去摸。有的人可能對理路不清楚，他在黑屋子的地面上到處去摸、去尋找。挨牆順柱可能很快會找到開關；在地面上要找到開關是很困難的，等於是盲修瞎練。因為從常識來看，真正把開關安在地面上的確是一種特殊情況（當然也不能說沒有）。一旦找到了這開關，把它打開了，黑屋子頓時就變成了一大光明藏。啊！原來這間屋子是這樣光明，這樣亮堂。

開悟的人就是找到了而且打開了開關的人，從此以後有了光明的照耀，修行就不會再走彎路。他會非常自覺，非常明白修行的理路。開悟以後為甚麼還要修行呢？一是我們多生多劫的煩惱習氣要逐步淨化，逐步消除；二是我們要為度衆生而修行，度衆生的任務很艱巨，要發廣大心，發長遠心，度脫一切衆生。修菩薩行的人是「衆生無盡，我願無窮」。既然有這個願要度衆生，要成佛，那麼這個修行是永無止息、永不疲倦的。我們既不要把開悟看成高不可攀，也不能把開悟看成輕而易舉。祇有大死纔能大活，不經過大死是大活不了的。所以在沒有開悟之前一點也不能放鬆。修行來不得半點虛假，作不得人情，它是一種實實在在的工夫。修行既是一種自我體驗、一種受用，也表現於外在的言行。因此說修行既不能自欺，更不能欺人。大家在修行的道路上永遠不要停步，特別是在這共修法會中絕對不要放鬆，應該要抓緊時間，不知疲憊地用功修行。參！

## 第五天講（十月二十四日）

禪七的第五天基本上結束了。時光過得很快，如果我們不加緊收攝身心，很好地用功，那麼這七天將會白白地浪費。各位已經取得一些進展的要「百尺竿頭，更進一步」。有些還沒有上路的人要橫下一條心，要有一種拼搏的精神，在這最後兩天趕上去。即使有個別混日子的人也要發大慚愧心，好好地向那些修行比較好的人學習。

昨天我們講了開悟的必要性和可能性，也講了開悟的一些境界，今天還接著這個話題講。「開悟」也就是我們常說的「明心見性」。佛陀出現於世就是爲此一大事因緣，就是要令一切衆生開示悟入佛之知見，即所謂開佛知見，示佛知見，悟佛知見，入佛知見。我們學佛也是要爲此一大事因緣，根據佛所開示的佛之知見而悟佛知見、入佛知見。這纔是我們學佛的根本宗旨和根本出發點。因此，說「明心見性」，說「開悟」，並不是禪宗特有的，而是整個佛教的立足點。整個佛教都圍繞著開示悟入佛之知見而展開。

「開悟」一般地說有兩種，一種是「解悟」，一種是「證悟」。所謂「解悟」，就是從理解佛法而獲得的開悟，就是理解佛說的經典，祖師的語錄，修行的法門、次第和途徑，然後根據某一種法門去修。理解了、認識了某些法門的修行次第便是一種悟，這叫做解悟。這好比我們沒有去過北京，沒有到過故宮，但是我們看到過北京的地圖，看過故宮的遊覽手册，我們也就知道了金水橋畔就是天安門，然後是午門、太和殿、中和殿、保和殿，這麼一層一層殿宇的路線我們都知道了。但是我們僅僅曉得這個次第、路線而已，卻沒有親身的感受，沒有一種親切感。

甚麼是「證悟」呢？譬喻我們不但知道天安門、故宮過了一門又一門是怎麼一種情景，而且親自到那裏去了，有一種親身的感受。這種親身的感受的本身是無法用語言來表述的。這種感受就是禪宗所說的「如人飲水，冷暖自知」，祇有自己去體驗。這就好比是「證悟」。「證悟」是一種親證的境界，它不是一個知識的問題。「解悟」是一種知識問題，「證悟」是一種受用，一種體驗。祇有「解悟」是不夠的，在解悟的基礎上修行，以達到「證悟」的境界，這纔是學佛參禪的途徑和目標。如何引發開悟，古人和今人都各有不同的機緣、不同的方式，那麼，如果用現在的名詞來講，「開悟」是甚麼意思呢？可以這樣說，開悟是生命的轉換、生命的覺醒，從有限的生命邁進到無限的生命，從迷妄的生命進入到覺醒的生命。

甚麼是修行呢？實際上就是「生命的拼搏」。因爲我們每一個人都感受到自己生命的有限性，總是想進入那個無限的生命。要進入那個無限的生命，如果没有一種拼搏精神是萬萬辦不到的。我們念《大懺悔文》八十八佛的名號內有「鬥戰勝佛」的名號。佛本來是講慈悲的、講和平的，爲甚麼要鬥要戰呢？因爲煩惱的魔，貪、瞋、癡的魔不戰是勝不了的，所以佛教提倡要「與諸魔戰」，這個魔就是煩惱魔，就是菩提與煩惱的戰鬥。没有經過生命的拼搏，要想開悟，要想得到生命的轉換——從有限的生命邁向無限的生命，那是根本辦不到的。所以古人修行，就像我們每天晚課念的〈警衆偈〉那樣：「是日已過，命亦隨減，如少水魚，斯有何樂！」我們要時刻想到我們的生命需要拼搏纔能從有限轉換成無限，從迷妄轉換成覺醒。因此，「開悟」實際上就是在生命拼搏過程中的一次大碰撞。經過一次大碰撞後，我們內心深處就受到一次徹底的心靈「淨化」。

「悟」有種種的機緣，有人從看經開悟，這種看經開悟不是解悟，而是證悟。現代有名的太虛法師就是看《大般若經》開悟的，圓瑛法師是看《楞嚴經》開悟的。所以說，看經看到隨文入觀，看到人我雙忘，看到身心雙忘的時候，同樣能夠開悟。也有見到自然界某種環境而對自己生命的認識有所啓發而開悟的；像靈雲禪師見桃花開悟，洞山禪師見流水開悟。見桃花開悟，見流水開悟，目觸自然界花開花落，流水無情的變化，從而悟出了緣生緣滅這種宇宙、人生的根本法則。當然，也有經過一個透徹地反省在一言半語的啓發下而開悟的，像臨濟禪師三次向黃檗問佛法大意，三次遭到黃檗祖師痛打。打了以後還沒有開悟，但是他的生命拼搏沒有停止，然後在首座的指引下，前去參拜大愚禪師。在大愚禪師一句話的啓發下，他忽然悟了道。這就是生命正在拼搏時，由於受到外界的誘發或刺激，從而一下子在心靈深處發出猛烈的碰撞而開悟。

像虛雲老和尚的開悟，更體現了生命拼搏的精神。他五十六歲時在揚州高旻寺打禪七，工夫用到行不知行，坐不知坐。在一次行茶中，他把茶杯伸出去，行茶的人一不小心，將開水濺在他的手上。這時杯子掉在地上，「啪嚓」一聲，好像虛空粉碎，大地平沈一樣，生命之流當下被截斷了，開悟了。

還有很多開悟的機緣，現代人想起來簡直是不可思議。但不管是通過怎樣的機緣開悟，都和自己痛切的用功、深刻的反省是分不開的。譬如，有一位禪師正在用功的時候，走到街頭碰到一個屠夫在那裏賣豬肉，旁邊有一位老太太在買豬肉。這個老太太挑肥揀瘦，選來選去，選得屠夫發了火。把刀往案板上一拍，說道：「你看那塊不是精的？」這位禪師聽到此言當下就開悟了！像這樣的機緣不是憑空就能引發出來的，而是要他本人用功到這個程度，纔有一個瓜熟蒂落的時節。香嚴祖師在地裏除草時，隨手將一塊瓦礫扔出去，碰到竹子，響了一下，就在這一剎那間他開悟了。他是潙山靈佑禪師的弟子，即刻回到寺院，沐浴焚香，遙禮潙山，並說頌曰：「一擊忘所知，更不假修持。動容揚古道，不墮悄然機。處處無蹤迹，聲色外威儀。諸方達道者，咸言上上機。」

古人由種種的機緣引起了自己內心深處的碰撞，從而得到生命的覺醒。然而不管是甚麼樣的因緣，都離不開我們主觀的努力。沒有主觀的努力，再好的環境，再好的修行條件，要開悟都是不可能的。昨天我們也曾經提到，開悟並不是說一悟就萬事大吉，而是悟了以後纔是修行的真正開始。爲甚麼這樣說呢？因爲「悟」和教下所說的「見道」相似。見道衹是一個位，然後纔正式進入修道位。《六祖壇經》上講得很清楚，「理須頓悟，事要漸除」。「悟」是一剎那的事，這一剎那結束了，我們的生命就得到了一個轉換，從有限的生命進入到無限的生命，我們真正的修行也纔正式開始。這就叫「頓悟漸修」。漸修說明修行的道路是漫長的，這是因爲我們無始以來的習氣不是一朝一夕就能徹底清掃乾淨的。像昨晚所說，我們心地這間黑暗的屋子裏的電燈已經打開了，噢！原來這屋子裏邊落滿了灰塵。那麼這灰塵是不是不要掃除它自己就會乾淨呢？不是的。自己不去掃除，開悟的境界、開悟的成果還有退失的可能。在古代禪師中也有這樣的例子。因爲還有退失的可能，所以必須繼續修持。那麼，開悟的人和沒有開悟的人有甚麼區別呢？古人說：「悟了還同未悟人。」開了悟的人和沒有開悟的人從外表來看沒有甚麼兩樣。開悟的人照樣喫飯穿衣，拉屎放尿。但兩者畢竟有本質的不同，開悟者「不在舊時行履處」。原來的種種習氣毛病，開悟以後就沒有了，所謂「隨緣消舊業，更不造新殃」。

因此說，我們用功的人，不管是參禪也好，念佛也好，持咒也好，最後所追求的目標是開悟，是明心見性，祇有開悟了，明心見性了，纔談得上了生死。沒有過這一關，沒有這個過程而說要了生死，要往生西方極樂世界，那種可能性是很小的。因爲我們在現實生活、現實世界中都不能自己作主，都不能把習氣毛病除去，我們在臨終的時候八苦交煎，你能保證做得了主嗎？你能保證臨終時清清淨淨地念十聲佛號嗎？如果我們要等到那個時候再念十聲佛號，求阿彌陀佛來接引，恐怕來不及了。所以一定要在我們身強力壯未老的時候抓緊修行，要把自己末後一著的這件大事提前辦好，不要等到臘月三十纔手忙腳亂！參！

## 第六天講（十月二十五日）

昨天講到開悟有解悟與證悟的區別，這既是教下的判攝，也是禪宗公認的入道途徑。禪宗初祖菩提達摩大師有一篇重要的文章，叫做〈略辨大乘入道四行〉。文章的中心思想講的就是悟入佛法的兩個途徑，即所謂「理入」和「行入」。理入可理解爲解悟，行入可理解爲證悟。理入就是：

藉教悟宗，深信含生，同一真性，但爲客塵妄想所覆，不能顯了。若捨妄歸真，凝住壁觀，無自無他，凡聖等一，堅住不移，更不隨於文教，此即與理冥符，無有分別，寂然無爲，名爲理入。

行入就是指通過實踐來驗證自己的悟境，加深悟境的層次。行入包括四個方面，就是：一報冤行，二隨緣行，三無所求行，四稱法行。這四行，既可做爲悟後起修的實踐方便，也可做爲一般求悟佛法的入門路徑。所以說，達摩大師開示的這四行非常重要，爲我們定出了修行的範圍和標準。

第一，報冤行。冤就是冤家債主的冤，不是怨恨的怨。我們在生活中、修行中會遇到種種的障緣和障礙，種種阻撓，時時刻刻都有不如意的事情發生。遇到這些事情以後怎麼辦呢？是跟對方弄個水落石出、魚死網破呢？還是包容忍讓、以德報怨呢？達摩大師說：我們

修道行人，若受苦時，當自念言：我從往昔，無數劫中，棄本從末，流浪諸有，多起冤憎，違害無限。今雖無犯，是我宿殃惡業果熟，

非人非天所能見與，甘心忍受，都無怨訴。

並引經文說：「逢苦不憂。」一個修行者、求道者能夠這樣對待日常生活中和修行中遇到的種種不如意的事情，使「此心生時，與理相應」，就能夠「體冤進道」。在這方面，我自己有切身的體會。我快六十歲了，在這六十年的經歷中，「不如意事常八九」，歷次的政治運動我都趕上了，有人笑我是「老運動員」。其實這是一種大環境，用佛教的話來說就是「共業所感」，在這個大環境裏，在「惡業果熟」時，你想躲也躲不掉。在這種情況下，我們就應採取「逢苦不憂」、「體冤進道」的態度，對那些從語言上、行爲上加害於我的人，都要發起同情心、憐愍心，加强自我克制、自我修養，「以德報怨」，化解煩惱和敵意。這樣就能減少許多煩惱，成就自己的忍辱波羅蜜。在佛教徒的心目中，當下的一切遭遇都不過是歷劫業因種子的現行而已，事到臨頭，一切的怨尤都是多餘的。

第二，隨緣行。修行不能違背因緣條件，違背了因緣條件，修行會遇到種種障礙。所謂因緣，就是客觀的規律性，它是不隨人們的意志爲轉移的。達摩大師說：

眾生無我，並緣業所轉，苦樂齊受，皆從緣生。若得勝報榮譽等事，是我過去宿因所感，今方得之，緣盡還無，何喜之有？得失從緣，心無增減，喜風不動，冥順於道。

「報冤行」重點講「逢苦不憂」，「隨緣行」重點講「喜風不動」，一苦一樂，皆從緣生。對於學佛修行的人來說，苦是障道因緣，喜也是障道因緣。如果我們能掌握緣起性空的道理，凡事隨遇而安，知足常樂，就能將憂喜置之度外，灑脫自在的生活。修「隨緣行」要落實在我們日常生活中，落實在待人處事中，落實在遇緣應物中。我們的在家教友有機會來這裏參加禪七，這也是一種緣，沒有緣是來不了的。在禪七期間，大家每天打坐，精進用功，都很有收穫。但是禪七結束了，各位回到自己的家裏了，這是另外一種緣，另外一種條件。

緣改變了，我們如果還要成天打坐，既不上班，也不做家務活，那行不行呢？應該肯定地說，那是不行的，因爲你還不具備那種條件，還沒有那份緣。就是我們出家人，除了定期的專修時間，一般地說，要想成天打坐也是很難辦到的。譬如我自己，我很想有時間在禪定方面進行體驗，放下萬緣，專修一二年，但時節因緣使我無法擺脫許多事務性的工作，總是一件事接一件事，多數時間是幾件事重疊在一起，推不掉，也擺不脫，祇有發心去做。在這種情況下祇有在「動」中來磨煉，在「動」中來修持，做到像〈證道歌〉所說：「行亦禪，坐亦禪，語默動靜體安然。」

在「動」中修，特別要注意時時覺照、事事覺照，注意管住自己的心態，保持心態的安詳。有了覺照，「動」中能「靜」，「語」中能「默」，那就行亦是禪，坐亦是禪，時時安然，處處安然，事事安然了。這種修行難度太大了，必須有定期專修做基礎，纔能逐步達到這種層次。

第三，無所求行。修「無所求行」就是要我們去掉「貪著」之心。達摩大師說：

世人常迷，處處貪著，名之爲求。智者悟真，理將俗反，安心無爲，形隨運轉，萬有斯空，無所願樂。功德黑暗，常相隨逐，三界久居，猶如火宅，有身皆苦，誰得而安！了達此處，故捨諸有，息想無求。經云：「有求皆苦，無求乃樂。」判知無求，真爲道行，故言無所求行也。

修行人不打破「貪」這一關，要說是真正修行，那簡直是癡人說夢，不會有任何實際受用。「三界無安，猶如火宅」，這是《法華經》上的話。三界指欲界、色界、無色界。我們居住的地球，僅是欲界中極小的一部分。色界和無色界是依禪定工夫的淺深來判定的。欲界能發起未到地定，然後進入「初禪」，就屬於「色界」了。色界有四禪（初禪至四禪），無色界有四定（空無邊處定、識無邊處定、無所有處定、非想非非想處定），合起來稱爲四禪四定，或四禪八定（四禪四定稱為八定）。四禪爲一切禪定的根本，所以又稱爲根本四禪。四禪八定境界很高，但仍在三界之中，仍在生死輪迴之中。所以說：「三界無安，猶如火宅。」但在禪定的基礎上修無我慧，斷煩惱種子，證無漏禪定，纔能出離火宅，永斷生死。由此看來，修行確非易事，各位不可等閒視之。

第四，稱法行。甚麼是法呢？達摩大師說：「性淨之理，目之爲法。」這也就是此文開頭所說的「深信含生同一真性」，此真性即是法。這個法，是我們人人本具、個個不無的，「但爲客塵妄想所覆」，所以不能顯現。修行的目的就是要去妄想客塵，顯真如本性。達摩大師說：「此理，衆相斯空，無染無著，無此無彼。」並引經云：「法無衆生，離衆生垢故；法無有我，離我垢故。」他說：

智者若能信解此理，應當稱法而行。法體無慳，於身命財，行檀捨施，心無吝惜。達解三空，不倚不著，但爲去垢，稱化衆生，而不取相。此爲自行，復能利他，亦能莊嚴菩提之道。檀施既爾，餘五亦然，爲除妄想，修六度行，而無所行，是爲稱法行。

根據「三空」的道理，廣修六度之行，就是稱法而行。三空也叫三輪體空。以布施爲例，三空即施者、受者和中間物三者都是緣起的，既是緣起的其性即空，故說諸法緣起性空。修布施要達解三空，修其他五度也要達解三空之理，不能著相而求。

我們修行根據達摩大師所説的「四行」去修，我們的修行就會有一個尺度，有一個標準。「四行」的要點就是冤親平等，苦樂隨緣，不貪不求，應理而動。能根據這四方面來修行，就會使我們修行的層次不斷提高，修行的目標就會更具體，修行的效果會更明顯，修行的範圍會更廣大。與會的人大部分是居士，今後在自己的生活中，自己的工作中，在自己個人修行或是工作的時候，如果以這四種心態來面對一切，我想一定會是晝夜六時恆吉祥的。爲甚麼呢？因爲你處處合乎佛法，處處順乎因緣，處處不住相，無所求。希望大家把這四條很好地記住，在自己的生活中、工作中加以實際運用。參！

## 第七天講（十月二十六日）

這次禪七每天都講一次開示，說了不少話，其實，説出來的都不是佛法，祇有自己親身感受、親悟親證的纔是佛法。希望大家因指見月，因法悟心。這次從第一天講如何打坐，如何用功，如何看話頭，一直講到在修行過程遇到了境界怎麼辦、開悟的必要性和可能性，開悟的種種機緣，也講到悟後應該如何修行，這是修行的全過程。就禪宗來講，它是一個頓超法門，一超直入如來地，沒有次第可言，但是在無次第中指出一個次第來，使初學的人有根拐杖，可以扶著走路。今天是這次禪七最後的一天，剛纔進行了考功，一香板打下去，如果你正處在一念不生的關鍵時刻，猛然一擊，就有可能在生命的深處產生了碰撞，能夠在修行的境界上提高一步；修行有基礎的，因緣時節成熟了，也許能夠得到一個消息。如果真是像我預料的那樣，我們這一次禪七法會，就算是功德殊勝，諸佛歡喜，龍天贊歎。

今天法會圓滿，明天就各奔東西了。大家在禪堂裏能坐禪修定，出了禪堂怎樣修呢？今天就講一點在生活中應該怎樣修禪、怎樣行禪、怎樣把禪貫徹到我們生活的各個方面，在生活中體驗禪的意義、體現禪的精神、展現禪的作用。我前幾天講到開悟有各種因緣，從釋迦牟尼夜睹明星而開悟，迦葉尊者見到佛拈花示衆，他破顏微笑而悟，一直到中國的歷代祖師，開悟的機緣真是千姿百態，豐富極了。這些千姿百態的開悟因緣說明了甚麼呢？說明不僅僅是坐在蒲團上纔可以參，開悟也不僅僅是在禪堂裏坐香打七纔有可能，祇要你用功，祇要你能夠在二六時中打成一片，在生活的一切領域都有開悟的可能性，都存在開悟的因緣。

「禪」，或者說禪的開悟，它對所有的人來講，不是特殊地存在，而是普遍的存在。從歷代禪師悟道的因緣中可以看出，開悟對每個人都是有份的。禪既具有普遍性，那麼我們在生活中就完全可以加以運用。《法華經》上講世間「一切資生事業皆順佛法」，說明佛法不離世間法。六祖說：「佛法在世間，不離世間覺，離世覓菩提，恰如求兔角。」《金剛經》說：「一切法皆是佛法。」都說明佛法不離世間法。禪是佛法的精髓，禪更具有普遍性和現實性。歷代禪師都強調禪與中國文化的一體性，禪與生活的完整性。禪與生活是同在的，有生活就有禪。我們有一個設想，就是要讓禪回到生活中。古代有如來禪、祖師禪，有世間禪、出世禪，現在又有「安祥禪」、「現代禪」的倡導。我們做爲趙州和尚的後代，根據趙州和尚的意思能不能提出「生活禪」的設想呢？大家看了趙州和尚的語錄，一共五百多條，一定會對禪與生活不可分割的關係有非常深刻的體會。所以說「生活禪」的提出，不僅是在經典上有根據，在歷代禪師的語錄裏有根據，在趙州和尚的語錄中更充分體現了「生活禪」的精神。禪既然是生活的，那就是說我們要在生活中體現禪的精神，要在禪悟的當中生活。

本月初吳立民居士在這裏講課的時候說到一個問題，即「在生活中了生死，在了生死中生活」。就是說佛法不能脫離世間，佛法不能脫離羣衆。假使佛法永遠祇有幾個人能信能解，那麼我們佛教徒將永遠祇有那麼幾個，這顯然是不符合佛陀廣度衆生、讓大地衆生都成佛的這種精神。

我們提倡「生活禪」是希望佛法普及於世間、使佛法能夠深入人心，淨化人心；深入社會，淨化社會，使我們的社會變成一個幸福的、祥和的、清淨的社會。這樣我們大家就成就了自己的淨土，就不一定非要離開穢土找淨土了。我們大家都有這個心願，都朝著這個目標努力，大家都來淨化我們這個世界，淨化我們的人生，我想變娑婆而成爲淨土的這種理想不會是空想，而會變成現實。這就是我們要提倡「生活禪」的第一層意義。

我們提倡「生活禪」的第二層意義：我們的信徒能夠有時間來寺院修行，能夠集中七天時間不上班來修行的人畢竟是少數，能夠從幾千里外趕到這裏來參加禪七法會的就更少了。這一方面說明我們的社會是一個非常緊張的社會、忙碌的社會，每個人都有一份工作，每個人都要盡自己的職責和義務，每個人都有自己家庭的拖累，他不可能集中到寺院裏來修行，那麼在家裏如何修行呢？我想除了我們按照淨土法門修行以外，應該說禪宗最適合當代人的根器，特別是知識分子和青年，禪是最富有吸引力的一個法門。爲了要讓青年和知識分子，讓衆多正在工作的信教和不信教的人，能夠在生活中找到一個安身立命的法門，我覺得提倡「生活禪」是具有現實意義的，爲了普及佛法，利用禪的優勢廣泛地接引當機，是我們提倡「生活禪」的第二層意義。

第三，佛教做爲一種信仰來說，它祇有真正地落實到生活的各個方面，纔能真正變成每個人自己的血肉，變成每個人自己的靈魂。假使說我們每天祇有早晚上殿的時間纔覺得是修行，其餘的時間没法修行，修行的時間就太少了。而且做爲在家信徒來說，他們更不能像我們出家人一樣堅持早晚上殿。如果他們在心態上時時觀照自己，時時把自己的信仰和言行打成一片，在生活中以一種統一的完整的人格來體現佛法的精神，那也祇有禪宗的修持方法纔能使人們做到這一點。爲甚麼呢？因爲禪宗最没有宗教色彩，最容易被絕大多數的人所理解、所接受，而且禪者的風度、禪者的作略、禪者的精神，可以體現於生活的一切方面。要使佛法、要使佛教的信仰同信徒的生活融爲一體，密不可分，祇有禪的修持法門纔能夠擔當這個使命。這是我們提倡「生活禪」的第三層意義。

當然，之所以要提倡「生活禪」，可以找到一千條、一萬條的根據，但是歸根到柢祇有一條，就是要使佛法和我們的生命緊緊地結合在一起，使生命與佛法、生命與禪成爲一個整體，成爲我們的人生觀和世界觀。

各位有這個特殊因緣在趙州祖庭中興的時候，參加首居禪七法會，雖然我們常住在各方面的工作做得不圓滿，但是大家要珍惜這一個第一次，希望大家能夠把這份安詳的心態，把這份覺醒的心態保持下去，帶回家去；能夠把「生活禪」的修持方法，在自己的日常生活中運用起來，真正做到「行亦禪，坐亦禪，語默動靜體安然」。這就是真正的「生活禪」。我們來到趙州祖庭這個地方，經過趙州橋，闖過趙州關，坐飲趙州茶，目的是要做趙州人，要像趙州老人那樣來生活、修行、奉獻。祝大家福慧增長，六時吉祥！現在請大家一起起立，舉行解七儀式。

## 解七說偈

七日光陰轉瞬過，晨昏面壁事如何？
經行晏坐真人舞，動語發言自性歌。

海底撐船知己少，山巔把釣上鈎多！
來年再結曹溪社，共振禪風挽頹波。

一九九二年十月二十～二十六日
原載《禪》，一九九三年第一、二期

# 阿彌陀佛聖誕法會開示

各位居士：

今天是阿彌陀佛的聖誕日，各位在繁忙的工作之餘來到這裏參加念佛法會，是十分難能可貴的。這個法會今天就要圓滿結束了。這個法會是虛雲禪林啓用以來的第一次法會。據說平時到這裏來的人不是很多，但我覺得不論人多人少，祇要有人來參加法會、參加共修，都是一件值得贊歎的事。因爲這個地方剛剛創辦不久，大家還不知道有這個地方，再加上別的地方也在舉行法會，來的人不多是很自然的事。我想隨著時間的推移，大家瞭解了這個地方，再加上這裏的交通條件和各種設施的改善，來的人會愈來愈多。這幾天的法會我沒能和大家一起在這裏共修，很慚愧。

今天和大家講一點甚麼呢？今天既然是念佛法會圓滿結束的一天，我想就阿彌陀佛的名號及其功德跟大家談一點體會。

阿彌陀佛是西方極樂世界的教主，我們這個世界的教主是釋迦牟尼佛，東方琉璃世界的教主就是消災延壽藥師佛，這就是從空間來講的三世佛。另外從時間上講三世佛就是過去佛、現在佛、未來佛。過去的佛包括無量的佛，因爲迦葉佛在釋迦佛以前成佛，所以過去佛以迦葉佛爲代表；現在佛就是釋迦牟尼佛，未來佛就是彌勒佛，因爲未來也有無量的佛，我們每個人都能成佛，可以說我們都是未來佛，但是接著釋迦牟尼佛成佛的是彌勒佛，所以以彌勒佛爲未來佛的代表。從方位上看，除了東方、西方外，南方、北方也一樣有佛。這樣，從空間上講四方、四維、上下都有佛，從時間上講三世都有佛，所以叫十方三世一切諸佛。佛教的這個十方三世一切諸佛一方面講的是事，一方面講的是理：事就是說過去、現在、未來，此世界、他世界隨時都有佛出世，隨時都有佛涅槃；從理上來講就是大地一切衆生都有佛性，人人皆可成佛。那麼，應該說所謂「佛無量無邊」，這個佛既是指已成佛的佛，也是指未成佛的佛，既是指客觀世界的佛，也是指我們主觀世界的佛，說到底佛即是心，心即是佛，一念心中十方三世一切諸佛都具足了。

阿彌陀佛這個名號正是概括了十方三世諸佛的一切功德。爲甚麼這麼說呢？大家念《彌陀經》會念到「彼佛壽命無量、光明無量」。壽命無量、光明無量，正是象徵佛的功德既不受時間的限制，也不受空間的束縛。從時間上說他的壽命無量，因爲佛性不生不滅，沒有過去、現在、未來之別；而佛的慈悲、智慧、光明沒有任何的界限可以局限他，所以他的光明無量，不受任何空間條件的限制。所以說阿彌陀佛這一名號就概括了十方三世諸佛的功德、智慧。

如果念佛的人心心念念能夠承念阿彌陀佛，我們心心念念能夠與佛相應，我們本身也就能夠超越時間和空間的局限去證我們本身的真如佛性，圓滿我們本身的無量光明、無量壽命的自性佛。假使我們念佛這樣念，能夠理解這樣的意義，那麼我們念一聲阿彌陀佛就把十方三世一切諸佛都承念了，十方三世諸佛的功德、智慧和我們自心就完全沒有一絲一毫的隔閡，我們自性的法身和十方三世一切諸佛的法身就真正融爲一體。我們能夠這樣地承念佛號，能夠這樣來觀想，能夠這樣在二六時中憶佛念佛，那我們不僅時時刻刻和阿彌陀佛在一起，也和十方三世諸佛在一起。

如此的念佛和禪宗的看話頭、開悟沒有區別，和密宗的三密相應沒有區別，和律宗的「諸惡莫作，衆善奉行，自淨其意」也沒有區別。所以古人贊歎淨土法門的時候說，一句阿彌陀佛把三藏十二部都概括無遺。如果能夠像我們上面理解的那樣來承念阿彌陀佛，那可以說是一句阿彌陀佛概括了三藏十二部。但是如果不知道我們的心與佛的心是如何的心心相印，不能理解這樣深深的法意，那麼阿彌陀佛就是阿彌陀佛，還不能概括三藏十二部。三藏十二部還是要很好地來學習、研究，依教奉行。我們學佛的人既要明白事，更要明白理，祇有到事和理真正圓融無礙的地步，纔能把佛法學通，也纔能夠真正根據佛說的道理來勤修戒、定、慧，息滅貪、瞋、癡，憶佛、念佛。這是我從理和事上來談阿彌陀佛名號的甚深功德。

第二，我想講一點：究竟我們應該怎麼來落實我們的一心念佛的工夫，怎樣把它貫徹到我們的二六時中去呢？我們處在這個工作繁忙、生活嘈雜的環境之中，不可能天天到寺廟裏來盤著腿念佛，也不可能天天關在家裏念佛，甚麼事情都不做。即使是退休了的老居士，也還有家務事，有的可能還要到別的單位去

「補差」。所以我們要想一心念佛，從時間上可以說是根本辦不到。在辦不到的情況下我們又想辦到，怎麼辦呢？我們就一定要把念佛的這一念心，落實到我們的生活當中去，落實到我們的工作當中去，落實到一天二十四小時當中去，這樣生活不忘念佛，工作不忘念佛，喫飯睡覺也不忘念佛，這樣的修行纔是真正的修行。

僅僅到寺裏來念七天，僅僅早晚在家裏一個小時或者半小時的修行，都抵不住無始以來的無明煩惱、妄想執著。所以我非常強調要把學佛落實到我們的日常生活中去，要用佛法的觀點、佛法的道理、佛法的道德原則，來指導我們的生活，指導我們的思想，指導我們的一切，同時要在生活的各方面體現佛法的思想，體現佛法的道德原則，體現佛法的戒律生活。

這樣的學佛，你到廟裏來可以，不到廟裏來也可以，因爲你自己會修行了，把修行和工作打成一片了。我想各位如果能夠在七天當中試著這樣做，把七天做下來了，就不愁半個月；把半個月做好了，那一個月也就沒有問題；而一個月能堅持下來，你這一年也可以堅持；一年堅持下來，你這一輩子都可以堅持。能這樣做，即使我們很忙，我們也是無事的人；能夠這樣做，我們就可以說是一個真正的學佛的人；雖然在家，跟出家沒有區別，這叫在家出家。

那麼，大家是不是又有一個疑問：我們在家人和出家人生活畢竟不同，有丈夫、妻子和孩子，甚至不可能完全持齋。我覺得，你是在家人，你就應該按在家人的戒律來生活、修行，這是完全合理合法、完全合乎佛法的道德精神和戒律原則的，你並不需要像出家人這樣生活。因爲你發的是那個願，守的就是那條戒，你就是在那個層次修行，而你所得到的利益、功德也是一樣的。因爲在家修行，從小乘的理論説，可以證到三果阿羅漢，而從淨土法門來講，照樣可以往生西方極樂世界，而且還可以得到上品上生。在家修行有許多不便、障礙，但如果我們處理得好，這些障礙會變成我們的助道因緣。

第三，老實念佛，一心念佛，離不開其他功德。念佛既然應與生活結合在一起，那麼我們在生活當中、工作當中的一切活動、一切善法都要迴向淨土，都要做爲自己的助道資糧，所以修淨土要修淨業三福。這一點過去我在柏林寺講過。

所以修行不是孤立的、脱離實際的，而要在生活中修，要在工作中修，這樣纔能夠真正把我們修行學佛的決心、信念堅定不移地樹立起來。希望大家都心心念念與阿彌陀佛相應，使我們本有的佛性，本有的自性佛也能夠顯現出無量的光明、無量的壽命。

另外附帶講兩件事情：

第一，我們學佛的人最主要的就是要斷煩惱、破無明、減少妄想、超脫人我是非，「他非我不非，我非自有過」。要從我做起，從自身做起，要維護佛教的大局，維護佛教的團結，維護所有佛教徒的形象。假使我們與教友相處時有某種不愉快的事情發生了，那正是我們修行的好機會，我們就要忍下去，我們就不要因爲受了某種委屈而耿耿於懷，這祇能徒增自己的煩惱，增長自己無明，使自己不得安樂。

第二，我們大家雖然都學佛了，但畢竟還是在修行的過程中，還沒有完全達到無爭的地步，也還有種種人我是非在那裏傳播。我們應該怎樣對待這些事情呢？流言止於智者。若有甚麼流言蜚語傳到我的耳朵裏來，我要以一個智者來要求自己，把流言喫掉、化解掉，不再往下傳了，到此爲止。若再傳下去，即使是事實也沒有好處，況且流言大都失實，還會影響團結、增加煩惱，以區區人我是非消耗有限而寶貴的佛教團體的力量，何苦呢？

假使有我講的這類情況發生了，希望大家採取我剛纔講的兩個辦法：人家對你不公平之處，你要忍；你聽到了甚麼流言蜚語，要把它截住、化掉。我們應共同維護我們佛教界的良好形象，樹立整體觀念。

那麼，是不是當佛教界內部有某種消極現象出現了，我們就不該說呢？我覺得可以說，但要有個方法，我們有團體，團體有負責人，任何人有事都可以去找負責人，這樣一方面可以進行思想工作，一方面可以改進工作、糾正錯誤，如果是有甚麼誤會，便可以做工作來消除誤會，以利於我們教團的團結。這是我對諸位的一點希望。希望大家從大局出發，維護佛教界的整體利益，把一切小事置諸度外，有意見可以通過正常途徑來反映。

我們學佛的人應站得高，看得遠，心胸開闊，超越一切煩惱是非人我，把有限的光陰集中到學佛上，集中到修行上。

一九九二年十二月，講於河北石家莊虛雲禪林

# 皈依開示

今天是正月初四，照中國的傳統習慣，各位還在過年，但是爲了學習佛法，爲了親近三寶，大家都把家事放下，到這裏來參加宣化佛教居士林舉行的皈依儀式。這説明大家對三寶、對佛教有著一片虔誠的敬仰之心，我們一行人對各位的這種精神感到非常高興，同時也深受感動。在此我代表河北省佛教協會向今天參加活動的各位居士表示新春的祝賀！祝各位在新的一年裏福慧增長，家庭和睦，一切事業圓滿成就！

今天有機會與各位見面，一方面是講點佛法，另一方面是舉行三皈依儀式。昨天一下火車就看見三十幾位年輕的居士到火車站去接我，我很感動，也很高興。感動的是大家冒著凜凜寒風到車站等候多時；高興的是在張家口這個塞外的邊陲之地，能夠有衆多的善男信女信仰佛教。特別是有這麼多的年輕人來加入佛教，從你們身上可以看到佛教的未來和希望，佛教經常不斷地有新鮮血液來補充，有衆多的年輕人來認同、來參與，佛教將會永遠充滿著活力，佛陀的精神將會由於有了各位而重新回到人間，所以我感到非常高興。今天聽說有些居士是從張家口趕來的，大家一大早就來了，真是辛苦。有的是正要皈依的，有的可能已皈依過了，有的還可能已受過五戒了。在這裏，我們不妨一起來聽一聽皈依三寶的意義，以及我們應該怎樣做一個正信的在家佛教徒。

甚麼叫做皈依？「皈依」的「皈」字是一個佛教特殊用字，實際上和一般簡化的「歸」字是一個意思，有回歸、歸命之意。從皈依的對像來說，皈依就是把自己的生命回歸到三寶的慈光當中；從皈依的主體來說，就是要回歸到自己的精神家園當中。精神家園在佛教裏就是要皈依自性三寶，因爲佛告訴我們：「大地一切衆生皆有如來智慧德相，大地一切衆生皆有佛性。」既然我們每個人都有佛性，那麼我們衹要把妄想、無明、煩惱都息滅了，就能夠和自己本有的佛性建立一種精神上的默契，也就是說我們能夠發掘出本有的佛性。而「依」就是依賴、依靠。這種依賴不是物質上的依賴，不是人際關係上的依賴，而是精神上建立起的一個牢固的信仰，樹立起對三寶的正信。這樣我們就在精神上有一種不可摧折的支柱。把「皈依」兩字結合起來講，就是要在我們的心靈深處實現對三寶的認同。假使我們不能夠在心靈深處實現對三寶的認同，建立起對三寶的認同感，那麼我們依舊沒有皈依。

做爲一個佛教徒，第一條要求是具足正信。所謂具足正信，就是要從我們的思想深處建立起一種正確的信仰觀點。從佛教來講，甚麼是我們正確的信仰觀點呢？這方面的內容很多，最基本的是應該建立三個觀點：

第一點是要正信三寶。三寶就是佛寶、法寶、僧寶。佛寶指的是我們的教主釋迦牟尼佛。這是我們這娑婆世界的衆生所皈依的地方，正皈依的佛寶當然也包括十方三世一切諸佛。佛是我們的導師，沒有佛也就沒有法、沒有僧，所以佛是引導我們從生死的此岸度到菩提涅槃的彼岸的導師。可是佛已經涅槃了，現在唯一能代表佛的就祇有佛陀的形象，如泥塑、木雕或畫像，這些也都可以稱之爲佛寶，叫做住持佛寶。因爲應化的身佛已入滅了，所以我們祇能從佛陀的形象來景仰佛的智慧德相。

法寶中的「法」是宇宙人生的真理，就是佛在菩提樹下悟到的人生究竟真理；并以言教形式表現爲種種教授、教誡，即經、律、論三藏；法也可以說是一切事物發展的總規律。這種法是要通過我們的學習實踐，纔能夠變成自己生命的一部分。這是最根本的法。那麼這種法也要一種載體來把它表現出來，那就是用各種文字書寫的經典，這些經書就是住持法寶。所以佛既包括有形的，也包括無形的；法也如此，既包括用各種文字書寫的經典，又包括文字所蘊含的內容。

僧寶中的「僧」是我們的朋友，既包括十方的賢聖僧，又包括一切持戒清淨的凡夫僧。因爲不論佛也好，法也好，如果沒有僧人的宣揚，不是通過僧人以身作則的修證，佛法是不可能住持於世的。所以皈依僧在三寶當中是最重要的一項。因爲我們要知道甚麼是佛，甚麼是法，祇有通過僧人的宣傳弘揚纔能夠知道。

總之，三寶中佛是導師，也可以說是個醫生；法是藥，因爲藥能夠治病，它能夠治我們身心的煩惱病、業障病、無明病，祇要我們喫藥，我們的煩惱無明就會減輕，甚至最後得到解脫；僧是我們的朋友，有了僧人善友般的勸化，我們就會喫法藥，依止導師。所以佛爲大藥王，法爲不死藥，僧爲我們的道友。因此，三寶是我們信仰的核心。

具足正信的第二點是要信因果。因果既包括三世因果，也包括一世因果，更包括念念因果。因爲世出世間的一切法離開了「因果」二字就無法可說，世界將會成爲混亂不堪的世界。世間法和出世間法都是順著因果的規律在發生、發展和消亡。念念因果、一世因果，世間的人大都能夠理解並相信，可是佛教所說的因果通三世（過去世、現在世和未來世）一般人不相信，有疑惑。我認爲這就是我們衆生的我執和法執把我們的生命截然地分成了過去、現在和未來，而實際上我們的生命是一個整體。儘管我們有生有死，可生死之間並不存在一條不可逾越的鴻溝，生和死祇不過是生命存在的不同方式而已。如果我們這樣來看因果，那麼我們每個人都會深信不疑。祇有正信了因果，纔會止惡行善，就會把握自己生命的發展方向，就會真正做到：「諸惡莫作，衆善奉行，自淨其意，是諸佛教。」

具足正信的第三點是要信解脫。爲甚麼要學佛法呢？就是因爲我們有種種煩惱、無明、痛苦。儘管我們覺得自己是一個身心非常健康的人，沒有任何痛苦，尤其是在生命力旺盛的年齡，然而祇要我們冷靜地想一想，就會覺得我們的人生充滿著痛苦。不論是窮人還是富人，地位高上的人還是地位低下的人，他們都是在痛苦中熬煎，不過苦的程度、方式不同而已。這種苦比起生苦、老苦、病苦、死苦更苦，這個苦叫做五陰熾盛苦。五陰熾盛煎熬著我們的身心，使人們天天都處在煩惱的沖激之下，不得安寧。那麼我們怎樣纔能使身心得以安寧呢？那就要信佛、修行，持戒、修定，發掘智慧，纔能夠解除我們身心的煩惱。我們能少一分煩惱，就會朝解脫的方向邁進一步。在修行中祇要注意煩惱斷得如何了，而不要去想我們得到多少成就。要知道斷除煩惱的本身就是得到成就的表現。所以我們在修行當中要祇問耕耘，不問收獲，而在耕耘的同時，也就得到了收穫。我們有煩惱、無明就得不解脫。煩惱無明斷盡了纔能得到解脫，解脫就是要斷盡這些煩惱無明。這也是我們信佛的最根本目的。

做爲一個佛教徒首先要具備正信，具足正信包括上述三方面的內容。這三方面的內容是最根本的。

做爲一個佛教徒的第二條要求是皈依三寶。有人認爲，我信佛就行了，用不著皈依。可是不皈依就不可能是一個真正的佛教徒，不皈依就說明自己在信仰上還有某種保留，還不敢真正與佛教和三寶建立一種堅定的認同信賴關係。所以說既然想成爲一個佛教徒，就一定要皈依三寶。皈依三寶以後，在修行中纔能夠真正有力量在自己心靈深處萌發起菩提的種子。如果你不皈依三寶，不參加這個皈依儀式，就說明你還沒有最大的決心，還不敢和自己的舊我徹底劃清界限，徹底地實現生命的轉變。所以皈依三寶是做爲一個佛教徒最起碼的要求。

做爲一個佛教徒的第三條基本要求是受持五戒。因爲信仰祇是我們心靈上的一種認同感，做爲一名佛教徒還必須以五戒爲我們的行爲準則，按照五戒來生活。五戒包括不殺生、不偷盜、不邪淫、不妄語、不飲酒。這五條既是佛教一切戒律的基礎，也是我們整個人類社會道德的基礎。如果我們這個社會、這個國家人人都能受持五戒，都能遵守五戒，那麼我們這個社會還有殺人犯嗎？還有盜竊犯嗎？還有强姦犯嗎？還會有詐騙犯嗎？還會有酗酒鬧事的人嗎？如果人人都來受持五戒，我可以說法院應該關門了，監獄的房子可以用來開辦工廠；如果人人都受持五戒，就可以真正實現「化干戈爲玉帛」，就可以真正做到「刀兵入庫，馬放南山」，真正實現人類的和平，社會的安定團結，家庭的和睦幸福。所以說受持五戒是我們每個佛教徒必須履行的一個信仰原則和行爲準則。

下面我簡單地把五戒的意思講一下。所謂不殺生，其主要對象是指人類的生命，當然把我們的慈悲心加以擴充，也就包括愛護一切動物的生命。所以要守好這條戒，不得故斷人命，各行各業的人都是必須遵守的，而且在生活上也是非常容易遵守，因爲在家信徒在未受菩薩戒之前，還可以喫肉，可以戒殺不戒喫，可以喫三淨肉。由於我們從事各種不同的工作，在生活上有種種的不方便，暫時不戒口還沒有甚麼關係。祇是受了菩薩戒之後，纔要完全戒口喫素。

所謂不偷盜就是不亂拿別人的東西。做爲一個正人君子，誰都不會去拿人家的東西。不邪淫就是說不管是男居士也好，還是女居士也好，祇要是成了家的人，都應該在感情上專一，不要有夫妻以外的關係。這也是做爲一個正人君子所應有的道德。如果每個人都能夠做到這一點，那麼我們的家庭自然就和睦相處、相敬如賓了。

所謂不妄語，包括四個方面的內容：即不妄語、不綺語、不惡口、不兩舌。不妄語就是不說謊話；不綺語就是不說低級下流的話；兩舌就是挑撥是非；惡口就是罵人。我們在口業方面如果能夠做到這四點，那麼我們就有了慈言愛語，就會在家庭、單位、社會各方面有良好關係。

第五條是不飲酒，因爲酒帶有刺激性，能夠使我們喪失理智，做出違反道德原則的事。在這五條戒當中，酒戒雖然是遮戒，不是性戒，但我覺得酒戒很重要。因爲往往是酒喝多了，使得我們醜態百出，做出種種違反戒律、違反道德原則的事，所以酒是絕對不能喝的。當然，爲了治病，不過量還是可以的。如果不是爲了治病，最好不要喝酒。

上面我們已把做爲一個佛教徒最起碼的要求略說了一點。下面我再總結一句，要成爲一個好的佛教徒，應該在家庭是一個好成員，在單位是一個好職工，在國家、在社會是一個好公民，祇有這樣人的人纔能真正成爲一個好的佛教徒。那麼，如果我們真正是一個好的佛教徒，在家庭中如果是妻子的話，應是一個好妻子；是丈夫的，會是一個好丈夫；是父母的，應是天下最好的父母；是兒女的應是最孝順、最有出息的兒女。總之，祇有做好一個人纔能是一個好的佛教徒，正如太虛大師說的：

仰止唯佛陀，完成在人格；人成即佛成，是名真現實。

一九九三年農曆正月初四，講於宣化佛教居士林

# 雲居山請茶開示選錄

## 其一

一九九三年四月十五日晚，江西南昌良茂大廈。在座有雲居山真如寺方丈一誠和尚，真如寺監院明道法師及門人明證、明樹、吳明山。

歷來弘法都要藉助外緣。過去虛雲老和尚每當雲居山的茶葉摘下，都要包得好好的，送到北京。趙樸老、巨贊法師等人人一份。這樣做，既不失佛教的清淨莊嚴，另外也廣結了善緣。雖然茶葉不多，一點點也是心意。人們往往捨不得喝，重要客人來了纔用這茶招待，說這是老和尚送來的。正是因爲有這些因緣，纔能在那麼困難的情況下，在那麼短的時間內把寺院恢復起來。現在我們也仰仗老和尚的法蔭。老和尚法脈下人不少，南華、雲門、雲居連成一片，這個影響很大。老和尚的威德不可思議。有人準備以文學形式寫老和尚的傳記，湖南準備拍電視，我們準備重編年譜、法彙。要把老和尚的道風樹起來作榜樣。臺灣的星雲法師、南懷瑾先生、耕耘先生等對老和尚都很尊敬。一九四九年五月，老和尚在香港主持水陸法會，很多人勸老和尚留在香港，可老和尚就是要回來。菩薩嘛，就是要喫苦度衆生。沒有老和尚，就沒有雲居山的今天，就沒有這一批人。雲居山宗教氣氛、文化氣氛都很濃，可以一代一代傳下去，接引學人，擴大影響。不能總是寺裏那麼幾個人，沒有在家人就不能擴大影響。出家人要做出一些犧牲。固然我們每個人要了生死，但讓更多的人了生死更爲重要。

## 其二

四月十五日晚，江西南昌良茂大廈，在座有門人明證、明樹、吳明山。

禪宗寺院喫茶，在趙州和尚以前就有記載。法堂前有一面茶鼓。敲鼓時都要到指定處去喫茶，招待尊客長老。那時喫茶已有喫茶的規矩，有一番佛法上的問答、機鋒，已顯示了禪與茶的一致性、一體性，但還沒有正式形成喫茶的公案。到晚唐，趙州和尚在古觀音院（今柏林寺）住下來以後，纔以喫茶作爲參禪的一種方便、方法以契入禪機。

「喫茶去」的公案，其涵義有人這樣理解，有人那樣理解。我的理解是佛法說不出，說再多也代替不了修行和親身的體驗。說得出來的不是真正的佛法，真正的佛法祇有通過修行去體悟。就如喝茶一樣，祇有自己去喫，纔可品嘗茶味。所以趙州和尚對初來的、來過的、住下的都讓他們親自去體驗；我的另一種理解是叫你全身心的投入，否則，說得再好也白搭。不用問這個那個、西來意、佛，就是喫茶去。全部投入，自會明瞭。這就體現了茶與禪一體性的參禪學道的方法。當然，別人也許還有別的體驗。

自趙州和尚之後，由於他的禪風的巨大影響，形成了一個有名的公案——「趙州茶」。與此同時的還有「雲門餅」。歷史上並稱「趙州茶」、「雲門餅」。

我們爲甚麼一定要從雲居山請趙州茶呢？別處的茶樹也許更宜在趙州（現趙縣）生存繁殖，可是和趙州没關係。明天去雲居山就會知道，真如寺的第一道山門就是趙州關。祇有進了趙州關纔可能進入真如寺。趙州和尚行脚到雲居山時，正是雲居道膺在此開法。道膺禪師是曹洞宗的第二代，和曹山本寂禪師同師於洞山良价。但曹山這一脈没有傳下來，曹洞宗是雲居道膺傳下來的，所以雲居是曹洞宗道場。那時道膺比趙州和尚年輕，他對趙州說：「老老大大何不覓個住處？」趙州反問道：「甚麼處住得？」雲居說：「面前有古寺基。」這番對答就是雲居道膺見趙州和尚的一關。趙州和雲居山的淵源這樣深，我們從雲居山取茶苗，意義非同小可。

第二個意義，現在雲居山的茶樹很多是虛雲老和尚親手所栽。當時開了一片荒地，培植茶葉，本名雲霧茶。虛雲老和尚是最提倡趙州禪風的，也提倡趙州茶。佛教界說他們年齡一樣，都住世一百二十歲，面貌長得也很像，禪風也近似，認爲虛老是趙州再世。所以，把雲居山的茶請回去有現實意義。我們費這麼大力氣取回去，活不活還不一定，前人沒做過。這是會產生影響的事，在茶文化意義上、在禪風上都會發生一定影響。

第三個意義，真正種活了，趙州茶就不再空有其名，所以應千方百計栽活。這也給我們出了一個題目：祇能種好，不能種壞。冬天要做暖房，溫度不能低於攝氏零下六度，要避風，太陽曬得到。趙州茶種下去以後，也把禪風接下去了。

我們學佛，要不改初心，那怕祇做出一點點的貢獻，甚至比一點點還小的工作，祇要對佛教、對人類的進步有意義，也算我們沒有虛度此生。祇要我們知道我們的一切工作都和佛祖創立的事業有關，就不會放逸，就會抓緊點滴時間修行、弘法。

## 其二

四月十六日晨，江西南昌良茂大廈；在座有門人明證、明樹、吳明山。

佛教面臨著內外的挑戰，就像趙州茶從南方移到北方，環境不適應，但又要生存下去；也像一朵鮮花長在雜草叢生的荊棘叢中，要培植它，就要有披荊斬棘的膽量，要培育它，更不容易。

我們平時說因緣不錯，那是和文革時期相比，如果同海外佛教發達地區比還很不夠，主要是內部力量不夠。

有一位學者曾對趙樸老說，現在的形勢，各方面都很重視對宗教的研究，客觀上提供了一定的外部條件，內部要抓緊時間培養人才。在外界向內部普遍要人時，如果你有合格的弘法人才，就可能完成時代的使命，否則就會失去良機。我們當時聽了很受鼓舞。他很有眼光，看得很銳利、準確，對我們有很大的啓發。

他還說：「可惜我們不能承擔這個使命，必須靠僧人。如果沒有高素質的僧才，社會提出的要求是無法滿足的。」從他講話到現在已有三年時間，變化也很大。三年中我們還是有進步的。可是社會變化更大，我們內部沒有甚麼突出的變化。現在國內佛教，雖然客觀形勢較好，但自身卻欲振乏力，像一久病之人，一下子很難康復。這不是說沒有希望，而是要有憂患意識。現在的形勢，在千鈞一髮之際，危於纍卵。中國的佛教究竟向何處去？他老人家（指虛雲老和尚）一生照像沒有露過笑容，爲法而憂，爲衆生而憂。要時時刻刻想到我們的責任重大，時代需要佛法，我們要勇於承擔這一振興佛法的重任，這樣纔會衹爭朝夕，從嚴要求自己。

原載《禪》，一九九三年，第三期

# 柏林禪寺一九九三年禪七開示

## 第一天，學佛的三大綱目

去年本寺舉行了第一次禪七法會，今年又到舉行禪七的時候了。我們在座的不少人參加過去年的禪七，回想一下當時的情景，好像這兩次法會中間沒有時間上的距離，似乎這兩次法會就是接著舉行的。也可以這樣說：不但這兩次禪七法會，還是其他法會，沒有任何時間的距離，即使同佛在靈山會上說法的那種情景、那種因緣，也沒有時間的距離。所以，我們說一次法會的殊勝因緣，往往用

「靈山一會，儼然未散」來形容。我想今天諸上善人聚會一處，在這裏共同修學，確實是一個了不起的大事因緣。

這一次禪七法會的人數比去年增加了一倍以上，有一百二十多位居士來參加；地理覆蓋面也比去年廣，最遠有從新疆來的，南邊有上海、杭州來的。大家不遠千里來到這裏參加共修，這種爲道的心、求法的心，使我本人和常住大衆都非常受感動。祇是做爲一個主七的人，我感到非常慚愧，深恐有負各位的來意。不過既然已經來了，我們就共同修行，共同向佛言祖語請教。

今天我講的內容是「學佛的三大綱目」。這個題目沒有甚麼新鮮，祇是老生常談。但是佛法乃至世間法，總是一番提起一番新，儘管千言萬語佛祖都已經講過，我們此時此地，再把它提出來加以闡釋，可能又有一番新的意義。

學佛的三大綱目就是持戒、修定、證慧，這是我們學佛的下手處，也是我們修學佛法的總綱。

首先要持戒。持，就是受持、堅持，持之以恆；戒是戒律。戒律包括兩個方面：一是不應該做的就不去做，這叫止惡；另一方面是應該做的就必須去做，這叫修善。持戒無非是這兩方面的意思，所謂「諸惡莫作，衆善奉行」。在戒律上，止惡叫止持，修善叫作持。該止的不止，固然是犯戒；該做的不去做，同樣是犯戒。所以說「諸惡莫作」你做到了，如果「衆善奉行」做得不好，做得不夠，那還不是持戒的完整要求，以爲持戒就是這不許做，那不許做。要知道持戒是要「諸惡莫作，衆善奉行」。在家、出家的戒律都是一樣的，祇是層次有所不同。在「諸惡莫作」方面，在家的戒律要求得鬆一些，而出家的戒律則要求得比較嚴格，但在「衆善奉行」方面都是要以利他爲自利的出發點，廣行衆善這方面的要求，在家出家原則上是一致的。

所以學佛修行的第一步就是要持戒，祇有把戒持好了，使我們的身心有所約束，不受外界的干擾，纔有可能修定。

定，指的是禪定，是一種令心專注而不散亂的修行，也是一種凝然寂靜的狀態。禪定的範圍是很廣泛的，既包括禪宗所說的禪，也包括其他宗派所說的禪法、止觀、觀法等。有的居士說，我打坐祇會念阿彌陀佛。這對嘛！念阿彌陀佛同樣是修禪定，你念到一心不亂、念念分明，就是「念佛禪」。還有的說我就會持〈大悲咒〉。持〈大悲咒〉可以讓紛亂的意識平息下來、安定下來，這也是修禪定。所以，佛教的一切修行法門都離不開禪定，離開禪定，佛法就沒有基礎了；

同時，佛法的一切修行法門都由禪定所攝。因此要紮紮實實地修定，有了定，纔能發慧、證慧。

慧，不是小聰明，不是世智辯聰，它是由於持戒、修定而引發一種高度準確的抉擇力、判斷力，一種極其敏銳、透徹的洞察力，它能使人們斷除煩惱、趨於覺悟和解脫。這種智慧又名般若，因爲是人人本具，不是從外面獲得的，所以說要「發慧」、「證慧」。

戒、定、慧三學，持戒是根本，是保證，修定是基礎，證慧是究竟。這三者的次第，我們通常是按持戒、修定、證慧的順序排列的，所謂「由戒生定，由定發慧」。當修行到一定程度，這種順序又可以倒過來，由於有智慧，有抉擇力，你修定就會事半功倍；有了甚深禪定，那你持戒就能夠不持而持，自自然然，毫不勉强，每時每刻，一言一行都在戒律中，但又不覺得有戒律的約束了。

總之，我們學佛要以一顆平常心，按戒、定、慧的次第踏實去做，千萬不要追求玄妙，不要幻想到那裏找一個老師，一夜之間就能夠得到多少多少的受用，一下子就能轉凡成聖。如果自己有這樣的根機，也能遇到這樣的老師，不要說一夜之間轉凡成聖有其可能性，就是一念之間轉凡成聖也是有可能的。但在末法時期，即使有上根利智的學人，要能夠找到明眼善知識，也很不容易。更主要的是，一念之間轉凡成聖的奇蹟，也是從長時間，甚至是多生多劫的踏實修行中來的，冰凍三尺，非一日之寒嘛！學佛是要轉換身心氣質，這不是一件容易的事，要靠我們長期的積累，持之以恆，默默耕耘，把我們無始以來的習氣毛病、無明煩惱不斷地在持戒、修定、證慧的過程中斷除。許多人祇是羨慕乞求佛、菩薩在果位上的神通智慧，卻不注意他們在因地上付出的艱辛努力。我們要覺悟，要得到神通，應該從那裏下工夫呢？要在平時的生活中下工夫，要從最平凡的一言一行下工夫，要在舉心動念中下工夫，這樣纔能夠真正有所收穫。

戒、定、慧三學是學佛的總綱、修行的總綱，所以我們常說：「勤修戒、定、慧，息滅貪、瞋、癡。」我們能將這件事念念不忘，修行就一定會有好的成就。

## 第二天，修行的三大法門

昨天我講了學佛的三大綱目：戒、定、慧。持戒是保證，修定是力量，證慧是作用。這其中修定很重要。有了定，我們纔有堅固的力量，身、口、意三業纔不會隨無明煩惱遷流，做出違背戒律的事情；有了定，我們就能像大地一樣安然不動，像泰山一樣巍巍聳立，那纔可以說是「八風吹不動」。講到修定，現在流行的有三大法門，那就是禪、密、淨。這三大法門都離不開修定，都是圍繞修定、證慧展開的，依之修持都能得解脫、了生死。但它們之間有幾點不同：

第一點，所依不同。

參禪主要是靠自力。所謂主要依靠自力，就是說也要靠他力，不過是自力爲主。參禪是要明心見性、見性成佛。參禪的人首先要敢於承擔，自己就是佛，自己衹要當下把這一層無明殼子捅破，那麼當下就能夠見與佛齊。所以參禪的人要發精進勇猛心，以精進力，破煩惱魔，除掉凡心，就是聖境。

密宗的修法可以說是自他結合。因爲修密法是要做到三密相應。自己的身、口、意三業與所信奉的本尊的三業相應。所以一方面要通過自己主觀的努力，另一方面必須得到本尊的加持來實現了生脫死的目標。這裏面，自力、他力都有，而且本尊的加持力是必不可缺的。

修淨土法門則以他力爲主。淨業行人依仗阿彌陀佛的本願，通過憶佛念佛的修行，與佛的本願相應，在臨命終時正念分明，仗佛慈力，接引往生極樂世界。淨土法門以他力爲主，但必須通過自力，他力纔能起作用。自力主要指淨業行人必須具備信、願、行，纔能與彌陀（他力）的本願相應，接引往生佛國。

第二點，修法風格不同。

禪宗的修法比較靈活，可以說是活潑自在。在寺院裏可以修行，在家庭裏也可以修行；有佛像的地方可以參禪，沒有佛像的地方也可以參禪；集體可以修，個人同樣可以修；有經典可以修，沒有經典也可以修。靜坐是禪，喫飯穿衣、搬柴運水等平常日用也是禪。正因爲這一法門以自力爲主，所以它的修行是活潑自在的。

密宗的修法應該說最嚴格。它的修行一定要在一個壇場裏進行，一定要經過上師的傳授、灌頂，還要依照一定的儀規，不管儀規有多麼繁瑣，修行的人一點也不能打折扣，這樣纔能使自己的身、口、意三業和本尊的身、口、意三業相應，實現修行的目標。

淨土宗的修法雖然比密宗要靈活一些，但是淨土宗觀想念佛時，就必須要在有佛像的地方，面對聖容，口誦心惟，觀想佛的相好莊嚴，纔能比較快地產生效應。念佛法門出家人可以修，在家人也可以修，特別是在家人修念佛法門比參禪、修密有許多殊勝方便之處。

第三點，歸宿不同。

參禪，祇要你捅破了這個無明殼子、見性開悟了，那麼隨處都是淨土，隨處都是極樂世界。開了悟的人，不一定要生西方，不一定要上生兜率，而是常生人間教化衆生；開悟成佛作祖的目的是：「不為自己求安樂，但願眾生得離苦。」當然，晚近以來，也有開了悟的禪師在晚年迴向西方淨土，但從禪宗的本意來講，是要自己發願形成一個淨土，因爲每個人都有自己的淨土，都有自己的極樂世界。《六祖壇經》上說：「愚人願東願西，智者在處一般。」有智慧的人無處不淨土，所謂：「唯其心淨，則佛土淨。」

密宗的歸宿多少與禪宗有相通之處，它是要即身成佛，要在這一生就證得與佛一樣的福德智慧，來成就自己的佛土。

淨土宗的歸宿大家都非常清楚，它是要往生西方極樂世界。這要靠信、願、行的堅定。其中信很重要。信就是要信西方極樂世界的實有存在，信阿彌陀佛的本願真實不虛，信自己祇要老實念佛，就能往生西方。

上面講的是禪、密、淨這三大法門的主要不同之處。《金剛經》上說：「是法平等，無有高下。」這三大法門並無優劣之分，重要的是我們應選擇一種適合自己根機的法門來修持。有的人修禪宗比較相應，我們就勸他參禪；有的人修淨土比較相應，我們就勸他念佛；有的人也許覺得自己和密宗比較相應，但我們不能隨便勸他去學密。因爲目前漢地不具備修密法的環境和條件，沒有傳承，沒有上師，沒有壇場，不懂儀規。如果你一定要學，祇有學東密或藏密。東密就是日本的密宗，又叫真言宗；藏密就是流傳在我國藏蒙地區的藏傳佛教裏的密教。修東密，找日本人做上師，顯然不現實；修藏密，找一位喇嘛、活佛做上師首先語言就不通，其次生活習慣也不同，他們喫羊肉、牛肉，我們漢地佛教徒接受不了。所以說，修密宗比較困難。

那麼是不是參禪、念佛就沒有密法呢？實際上修禪、淨的人也離不開密法、離不開密咒的加持，祇不過沒有專門的壇場、儀規而已。我們寺院裏早上都要念〈楞嚴咒〉、〈大悲咒〉等，而這些真言密咒，在「藏經」裏都被劃歸密部，屬密法。修淨土的人，〈往生咒〉是少不了的。這些咒語大都是諸佛、菩薩、護法善神的名字，我們經常持誦，就能得到加持，有助於修行。所以說，在漢傳佛教裏，由於密教裏的咒語被其他宗派採用了，顯和密是互相融通的。我覺得我們的祖師們這樣將佛法融匯貫通，爲了使我們衆生修行易得受用，確實是煞費苦心。

說到參禪和念佛，在我們柏林寺也是互相補充的。昨天講過，一方面，念佛也可以入禪，另一方面念佛本身也就是禪。《趙州禪師語錄》裏記載：有學人問趙州和尚：「甚麼人是七佛師？」趙州和尚回答：「阿彌陀佛，阿彌陀佛！」由此可以看出趙州禪師對念佛法門的態度。我們現在也同樣如此，既弘淨土也弘禪，既有禪七法會，也有念佛法會。我們是把這些法門統一在禪的基礎上，這樣就能互相圓融、互相補充而不是互相矛盾、自相水火。

顯密圓融、禪淨雙修，這樣修行會不會雜呢？要處理好這個問題，應分清主次。念佛的人以持咒爲輔助，可獲得佛、菩薩的加持。修禪的人，打坐靜修可以專心致志地數息、觀心或參話頭，日常工作、生活中爲了使意念不馳散，也不妨以念佛號做爲輔助。總之，「歸元性無二，方便有多門」。希望大家根據自己的實際情況認真選擇。

# 第三天，人生的三大缺陷

人生有太多的缺陷，我們學佛修行的目的就是要清除人生的種種缺陷。人生的缺陷有三種最根本的，那就是：惑、業、苦。這是我們一切凡夫所無法避免的三種缺陷。

甚麼是惑呢？顧名思義，惑就是迷惑、迷妄，就是無明、煩惱，它是我們流轉生死、造諸惡業的推動力。惑主要包括貪、瞋、癡，也就是三種最根本的煩惱，我們一般稱爲「三毒」。貪是對順境的貪著、貪愛；瞋是對於逆境的憎惡排斥，癡就是愚癡，不明事理，不明因果。我們時常說：「往昔所造諸惡業，皆由無始貪、瞋、癡。」可見我們之所以造作種種惡業，是因爲有貪、瞋、癡這三種煩惱。

業，就是行爲造作，這裏講的由惑而起的業，是指惡業，就是十善業道的反面，十惡業。我們如果對境迷惑，就會有煩惱，在煩惱的驅使下付諸行動，就成爲業，業不斷累積就會形成一種強有力的慣性作用，這叫業力，衆生就是在業力的推動下輪迴六道，自己還不覺得，這是很可悲的。

由造業就要感果，**起惑造業所感的果報就是苦**。苦是人生的一種真實、一種現實，佛教裏叫「苦諦」，就是說我們人生從根本上講充滿了種種缺陷、不如意、不自在，這是個現實。苦也是我們的感受，我們對順心不順心的事情包括我們身體和我們賴以生存的環境，都會有好的或不好的感受，這些都是苦，爲甚麼說好的快樂的感受也是苦呢？因爲世上沒有不散的宴席，世間的快樂總是不能持久，總是短暫的，你愈以爲好的東西，失去時也就愈痛苦。所以說，苦受是苦，樂受也是苦。故佛教說人生有三苦、五苦、八苦，**總之有受皆苦**。

上面講的惑、業、苦三者又是循環不息的。由惑造業，由業感苦，面對著苦報如果不覺悟又會生煩惱，繼續造業，這樣便輪迴不息。那麼我們怎樣來改變這個現實呢？關鍵在於面對苦我們是修還是不修？是繼續隨波逐流還是跳出惡性循環？譬如說，我們現生所感貧困果報，如果我們用正當的、誠實的勞動來改善生活，改變現狀，那是佛教所允許的；如果用非法的手段謀取財利，那就在造惡業，循著惡業不斷追求，那就祇有墮落輪迴生死。所以我們應該以積極的態度面對人生是苦的現實，按照因果的法則去斷惑，去調整我們行爲的方向，種下善的因，解脫的因，那麼我們最後所感的果報就會是善報而不是惡報。善報從低層次來講就是人天果報，從高層次來講就是聲聞、緣覺、菩薩乃至佛果。獲得善果，我們就必須在保有人生的前提下積極地改惡修善，「諸惡莫作，衆善奉行，自淨其意」。我們要是能夠持五戒、修十善，就能得人天的果報；如能進一步修四諦、十二因緣、六度、四攝就能證聲聞、緣覺、菩薩的聖果，關鍵在於我們現在如何選擇？希望各位善自珍重，努力修持。

## 第四天，修行的三個方面

今天講修行的三個方面。我們修行要從三個方面著手來修，這三個方面就是身、語、意三業，祇有修到三業清淨了，纔能夠得解脫、證聖果、往生西方極樂世界。我們在修行中容易將這三個方面割裂開來，或祇注意其中一個方面或兩個方面，而沒有將身、語、意三業做爲一個整體來全面對待。

修身業，就是要修不殺生、不偷盜、不邪淫這三善業，這是在家佛教徒的戒律；作爲出家人也是要不殺生、不偷盜，再就是不淫。這三條戒持好了，就不會墮入惡道，同時也爲口業和意業的清淨提供了基礎。

口業，又叫語業。修口業主要是修不妄語、不兩舌、不惡口、不綺語這四個方面的善業。這四條看起來很容易，做起來卻非常困難，因爲我們人類互相之間的交流，除了書面上的文字，使用最廣泛的就是語言。往往我們自己思考問題的時候，可能還會注意到語言方面的淨化，但在與人交流的時候，特別是在雙方發生隔閡、發生矛盾的時候，說話就言不由衷了。你一言，我一語，你說一句，我說十句，這樣一來自己清靜、安詳的心態就全部打失了，妄言、綺語、惡口都出來了。

所以口業不容易修。表面看來衹是說一句話，實際上這一句說得好，可以成就一個人乃至千萬人的善業；說得不好，可以毀掉一個人乃至千萬個人的善業和前途，所謂「一言可以興邦，一言可以喪邦」，就是這個道理。口業在五戒裏衹表現爲一條戒，就是不妄語戒；在十善裏分得更細，不妄語做爲口業的一種，再加上兩舌、惡口、綺語，一共是四條，這樣，我們防非止惡就更加具體，更加明確。

意業方面，我們要修不貪、不瞋、不癡這三種善業，而遠離貪、瞋、癡這三種惡業。怎樣纔能做到不貪呢？佛陀教導我們：「多貪的衆生要修不淨觀。」貪無非表現爲財、色、名、食、睡五欲的貪著，尤其是男女之間對情欲的貪著最嚴重，也最根本，三界衆生以淫欲而正性命。針對這一點，不淨觀是要我們透過人的外表去觀察他內在的實質，這樣來克制欲念。人的外表看起來可能很俊美，可是你看他的骨子裏面，他的五臟六腑，甚至他死後腐爛的情景，這樣一觀想，貪欲就會淡化甚至消除。修不淨觀對出家人尤其重要。

瞋恨心重的人，要修慈悲觀。瞋恨心重就是分別心重、人我是非心重、嫉妒障礙心重。爲了對治瞋恨心，我們要修慈悲觀。慈悲觀是要我們把一切衆生都當做自己的父母兄弟姐妹來看待，互相關懷，休戚與共；有利益可以分享，你比我好，我應該喜歡，你比我差，我應該幫助。能有這樣的觀念，我們還會產生瞋恨心嗎？當然不會。佛陀還告訴我們：「一個行菩薩道的人對待一切衆生要如一子想。」這倒不是要我們把自己看得很高，把別人看得很低下，而是要我們對一切人有一種慈悲心，一種愛心，一種護念的心。想一想現在父母對自己的獨生子女，那種照顧和愛護可以說是無微不至，那麼我們能不能把這種觀念和感情逐步擴大，擴大到一切衆生呢？如果能朝這個方面努力，瞋恨心自然會消除。

多癡的人應修因緣觀。癡就是愚癡，不明白一切法緣生緣滅的道理而妄生執著。修因緣觀主要是觀察、思惟十二緣起，領會諸法遷流變化的規律，並順應這一規律，這樣就能過一種覺悟、清醒的人生。

我們修行就是要修這三個方面：身業、語業、意業，而且要將這三個方面做爲一個整體，全面地檢點自己的言行舉止，起心動念，做到三業清淨、三業純和。那麼三業清淨有甚麼效驗呢？我想最基本的，身體要輕安清健，語言要柔和慈善，內心要明淨喜悅，這是三業清淨最初步的表現。當然往深裏去，得禪定、開智慧，這都是可能的。要獲得這些效驗必須將三業統一起來修，也祇有這樣，纔不致於出現種種偏差。譬如有人講，修行嘛主要是修心，祇要心好就行了，於是就放浪形骸，無視律儀，這是「狂禪」。還有的人修行就祇講一點表面形式，喫齋叩頭，也不管自己的心地是不是清淨，自己的性格是不是在向好的方面轉化，這樣修行僅是生活的一部分，而不是生活的全部。所以，我們一定要三業齊修，然後達到三業清淨。

# 第五天，修行的四個層次

今天講修行四個層次：信、解、行、證。信是起點，證是終點，祇有具備一個良好的起點，纔能有一個圓滿的終點。

信，信甚麼呢？我曾經在〈生活禪開題〉上講過，信就是要信三寶、信因果、信般若、信解脫，能夠具備這四個方面的信，就是一個正信的佛教徒。不過這本身也有幾個層次。

一般講「信仰」，這是信的第一步。因信而仰慕佛、法、僧三寶、仰慕佛法的真理、仰慕修行的可貴，這些都應該在信仰的階段完成，否則，信仰就很難深入。信仰以後要「信賴」。我們既然對三寶產生了信仰，就應該在信仰的基礎上以三寶爲依靠、爲依賴，這不是說就此躺在三寶的身上，而是說做爲凡夫，如果不依賴正確的信仰目標，要想出離生死輪迴，解脫人生的痛苦，那是不可能的。兩千多年來，已有無數的先輩在三寶慈光的照耀下獲得了覺悟，我們還有甚麼理由不信賴三寶呢？人身難得，三寶難遇，我們應該生幸慶之心、難遭之想，毅然決然地投身到三寶的懷抱中。

信賴之後是「信受」，就是對佛法的道理能信受奉行，能從中得到受用，這樣信仰就落到了實處。

由信仰、依賴、信受，到最後是「信樂」。由信仰產生了快樂，產生了法喜，這時信仰由自發變成了自覺，由他律上升到自律，種種戒規也不再是負擔和約束，因爲我們從信仰中獲得了喜悅，而且這種喜悅遠遠超過世間的五欲之樂，它是清淨的、崇高的。

我們可以對照上面所說的信的四個層次來檢查自己的信仰生活，看看自己在那一個層次上，需要向那方面努力。

信了以後，進一步要理解，理解佛法要從「親近善士、聽聞正法、如理作意」著手。當然，在沒有條件親近善士、聽聞正法的時候，自己可以多看經典。多看佛教理論的書籍，以佛言祖語爲依據，樹立對佛法的正知正見。有了正知見，修行就不會誤入歧途。而且，理解加深了，信仰會更堅定，信仰堅定又會促進理解的深入。

理解的目的是爲了行持。前幾天我們講了修行的三大法門：禪、淨、密。除此之外，是不是就再沒有辦法修行了呢？不是的。修行的內涵是非常豐富的。如果我們時時刻刻、事事處處都能存有修行的念頭、修行的心態，那可以說我們一天二十四小時都有機會修行。我們提出生活禪，就是要提倡在生活當中修行，在修行當中生活。尤其是在家佛教徒，千萬不能把修行與生活對立起來，與工作對立起來，否則，你不僅不能很好地修行，而且會因爲修行帶來許多煩惱，譬如像家庭鬧不和，在單位裏人際關係緊張等。

在生活中如何修行呢？這個問題很複雜。簡單地說可以有一個標準，就是以佛心作佛事，或者說要存好心、說好話、做好事。是不是佛事、好事，就要看你的舉心動念、一言一行是否符合五戒、十善的原則，是否順於佛法解脫的道理。如果我們能將佛法的原則、佛法的精神貫徹到生活中去，那就是在生活中修行。

修行的目的是要證果。假使修行沒有驗證、沒有結果，那就是祇開花不結果。雖然我們每個人都具足佛性，都有成佛的可能性，可這祇是「因位的佛」、「理即佛」，實際上我們都是具縛的凡夫，沒有佛的覺悟，沒有佛的神通智慧、相好光明，還不是果上的佛。要成爲果上的佛就要通過修行，一點一點地斷煩惱、破無明。斷一分煩惱證一分法身，就顯露一分佛性，這是一個漫長的過程，不是一朝一夕的事。

上面講的信、解、行、證是逐步加深的，信是起點，證是終點。各位知道了修行的這些層次，就會有的放矢，穩步前進。

## 第六天，修行的四大志願

修行需要有大志向、大志氣。因爲凡夫的境界是順著生死流轉，而修行是逆著生死之流而上，或者說要斬斷生死之流。這是非常艱難的，没有大志向就不可能實現這個目標。所以，學佛要發願，發願就是立大志，樹立一個遠大的目標，然後孜孜以求，鍥而不捨，向這個目標努力。今天我們就講「修行的四大志願」。

修行的四大志願是我們每天做功課都要念的：「眾生無邊誓願度，煩惱無盡誓願斷，法門無量誓願學，佛道無上誓願成。」這是十方三世一切諸佛所發的通願，任何一個衆生要從凡夫修到成佛，都必須根據這四弘誓願來安身立命，精進不息。

眾生無邊誓願度。眾生既然是無邊的，那我們要度盡眾生再成佛不就沒有成佛的可能了嗎？因爲眾生無邊嘛！怎麼度得盡呢？不是這個意思。這裏主要是强調我們要學習菩薩的精神：「眾生無盡，我願無窮」，這樣一來我們的心量就擴大了，我們個體的生命就和廣大眾生的生命緊密結合在一起了，我們就有無窮的力量和勇氣去斷除自己的煩惱、完善自己的人格。假使我們僅爲自己一個人修行，那個目標就很渺小。一個人怎麼樣都行，無可無不可，表現在行動上就是懈怠消極，今天修行，明天可以歇一歇，後天再修；如果時時想到無邊的眾生，我們就會有一種責任感和使命感，並由此產生一股巨大的力量推動自己勇猛精進，像地藏菩薩那樣：「眾生度盡，方證菩提，地獄不空，誓不成佛！」

煩惱無盡誓願斷。煩惱無盡，極言煩惱之多、煩惱之微細，所謂：「閻浮提眾生，舉心動念，無不是罪，無不是業。」釋迦牟尼佛說法時，弟子們問候他的時候還說：「世尊您是不是少病少惱啊？眾生是不是易度啊？」可見佛要教化我們這些剛强眾生，往往也有煩惱的時候。眾生難度啊！在度眾生的過程中還可能遇到這樣那樣的誤會，甚至干擾和破壞，不過佛陀最後總是能調伏剛强刁頑的眾生。當然佛的煩惱和我們凡夫的煩惱有著本質的區別，他的煩惱不是因爲自己的私利得不到滿足而產生的，是因爲衆生剛强難度而引起的。而且是暫時的，不會帶來苦報。我們的煩惱則不然。因爲有貪、瞋、癡，有人我執、法我執，處處分別執著，所以說是煩惱無盡。雖然如此，我們是要以大無畏的氣慨與煩惱作鬥爭，修行的過程可以說就是與煩惱拚搏的過程。

法門無量誓願學。古人說：「吾生也有涯，而知也無涯。」從佛法的觀點來看，我們一期的生命雖然是有限的，而生生世世修學佛法的歷程卻是無限的。我們應該立足於這無限的生命，發大願心廣學佛法，廣度衆生。有人會問：「修行不是要一門深入嗎？」不錯！我們要專修，同時還應廣學。修要專，學要廣，這樣你纔會有善巧方便去接引各種各樣的衆生。《華嚴經》上善財童子五十三參的事蹟就是要教導我們廣學多聞，增長智慧，成就方便善巧。

佛道無上誓願成。佛道是至高無上的，佛果菩提是至高無上的。世間的目標都是短暫有限的，而成佛這個目標卻是無上的。正是在努力追求佛果的過程中，我們的人格纔能得到完善和提升。

這四弘誓願應該貫穿於我們從發心到成佛的全過程。我們不僅當生當世要這樣發願，還應該盡未來際都這樣發願。這四弘誓願實際上把整個佛法住世的目標、宗旨講得非常透徹，也把我們學佛修行、行菩薩道的目的、宗旨揭示得非常明白。我們時刻想到這四弘誓願，在學佛的過程中就會有無窮的力量，就能永遠保持精進不息。

當然，光有弘大誓願還不夠，還要有篤實的行踐，否則就是紙上談兵、口頭禪。「篤實」這兩個字很值得我們注意。實就是果實，是實實在在的，果實可以飽腹解饑，不是表皮的東西。「篤」，上面一個「竹」字，下面一個「馬」字。竹是鞭子，鞭子懸在馬頭上，馬當然會奮勇向前，所謂「良馬見鞭影而行」。所以「篤實」兩個字一個是要我們一桿子到底，紮紮實實，一個是要我們揚鞭奮蹄，勇往直前。這就是篤實的行踐。弘大的誓願，篤實的行踐，把這兩者結合起來，修行就會有成就。

# 第七天，修生活禪的四個要點

我們提倡生活禪，所要强調的就是在生活中修行，在修行中生活。這裏的修行當然不是僅僅侷限於禪，也包括念佛、學教、觀心，總之是指佛教修行的一切法門。因爲一切法門都離不開禪定，所以我們特別强調了「禪」。《瑜伽師地論》上列舉了種種禪，其中還有「辦事禪」。辦事禪的意思就很近似於我們提倡的生活禪，不過生活禪的含義更廣，它所要求的不僅是把禪落實到工作、辦事中，而且要將禪落實到生活的方方面面。生活的內容是十分豐富的，生活的天地是廣闊的，有社會生活，有家庭生活，有道德生活，有情感生活，我們要讓一切生活的領域裏都充滿禪的精神、禪的喜悅。那麼修學生活禪有那些要點呢？修學生活禪有四個要點：將信仰落實於生活，將修行落實於當下，將佛法融化於世間，將個人融化於大眾。

第一，將信仰落實於生活。是說我們要把信仰的原則貫徹到日常生活中去，第一步要信仰生活化。我們在日常生活中舉心動念、所作所爲都要依據五戒、十善的原則，使我們的人格在信仰中、在生活中成爲完整的人格，而不是分裂的人格。不能在寺院裏或打坐時是這樣，到生活當中又是另一個樣子，我們要用信仰的原則、用佛法的精神去逐步提高生活品質，改善生活的環境。這樣生活的品位就提升了。這當然包括物質方面的豐富，更重要是使生活的內容、生活的品質趨於淨化、趨於完美、趨於崇高；要使那些低級庸俗的趣味、對感官享樂的貪求逐步被滌除。由此我們就會有和樂的家庭生活，就會有完美高尚的社會生活，那我們就有可能逐步實現佛化家庭、佛化社會。

第二點，將修行落實於當下。我們修行要時刻不離當下一念，當下一念處理不好，一切都無從談起。《地藏經》上講：「閻浮提衆生，舉心動念，無不是罪，無不是業。」可見當下這一念事關重大，十法界的形成都是從這一念開始的。我們要讓自己的每一念都清清楚楚、明明白白，毫不含糊，在無明煩惱剛要萌動時就要用智慧的光芒照破它，不可隨它遷流。古德所說：「念起即覺，覺之即無。」就是覺照當下一念的方法。

如果能把修行落實於當下，那麼我們就不必擔心到臘月三十日會手忙腳亂，不必擔心最後一息不來時會前路茫茫。因爲當下是一個永恆的概念，當下不等於是這一念，這一念過了，下一念還是當下，當下能作得主，時時處處就能作得主，這就是所謂：「一念萬年，萬年一念。」能做到這一點，何愁生死不了，何愁煩惱不斷，何愁聖果不成呢？

所以各位包括我自己，都要用「把修行落實於當下」這樣一個高標準來勉勵自己，約束自己。照這樣去修，那我們一切時、一切處都能修行，一切場合都能成爲修行的道場，那就像佛典上說的：「處處總成華藏界，個中無處不毗盧。」

第三點，將佛法融化於世間。釋迦牟尼佛應世說法是要教化世間、淨化世間，使這個有著缺陷和煩惱的世間變成美滿清淨的人間淨土。這是佛法住世的一個根本目標。離開了這個目標，佛法就將被束諸高閣，毫無用處，佛經也就祇是一種骨董而已。

晚近以來佛教界出現了一些脫離世間的傾向，佛教成了專爲超度死人的儀式，佛教徒被人稱爲「避世主義者」。太虛大師爲此高揚人間佛教的思想，主張佛法要化導人間世、改善人間世。太虛大師的思想現在成了佛教的主流，我們都應該順應這一主流，以積極向上的態度去理解佛法、修行佛法，去建設這個世間，改善這個世間，並覺悟在這個世間。六祖惠能大師說得好：「**佛法在世間，**

不離世間覺，離世覓菩提，猶如求兔角。」

第四點，將個人融化於大衆。佛法講緣起，就是說任何個人、任何事物都不能脫離各種條件而獨立存在，萬事萬物都是互相影響、互相關聯的。因此我們修行就不應離羣索居、閉門造車，而應該將自己的修行與救度衆生緊密聯繫在一起，「不爲自己求安樂，但願衆生得離苦」，與一切衆生同憂同樂。或者有人會問：「這樣我們自己還能得到利益嗎？」當然能！而且還會得到大利益。因爲菩薩就是在利他之中實現自利，在覺他之中完成自覺的。同時，我們能夠將個人融於大衆，我們的家庭生活、社會人際關係就會非常和諧，學佛的人也不會被誤解爲逃避現實、消極厭世了。

上面的四點既是生活禪的要點，也是我們在生活中修行一切法門的要點。總起來講，這四點可以概括爲我們提出的做爲生活禪宗旨的那兩句話：「覺悟人生，奉獻人生。」我們覺得這八個字比較準確地概括了菩薩的根本精神，揭示了佛教在這個時代所擔當的使命。

覺悟人生就是智慧的體現，奉獻人生就是慈悲的體現。我們既具有高度的智慧，又能有廣大的慈悲心，有奉獻精神，那我們就能在當今時代把佛法的精神、佛法的形象很好地樹立起來；我們每個佛教徒都能成爲積極向上、積極奉獻的人，那我們在社會上就不會受到人家的譏嫌，就不會被說成是消極厭世。所以說，「覺悟人生，奉獻人生」這八個字看起來很平實，做起來卻非常不容易。我拈出這八個字，一方面做爲我們自己的座右銘，也希望認同生活禪的人都以此來勉勵自己、要求自己。在禪七法會的最後一天，我贈送給各位的沒有別的東西，就是這八個字。希望我們在一切時、一切處都能本著「覺悟人生，奉獻人生」的精神去生活、去工作、去修行。

一九九三年十一月三～九日，講於趙州柏林禪寺

原載《禪》，一九九四年，第一、二期

# 柏林禪寺傳菩薩戒法會開示

各位居士：

今天是大家受菩薩戒的日期，在受戒之前，我們略微解釋一下菩薩戒的大意。

今天這個日子非常的好，因爲明天就是佛陀出世的紀念日，我們今天受了菩薩戒，就是種了成佛的因，菩薩戒是成佛的戒。我們在寺院掛出幾塊標語牌，有一條寫道：「眾生受佛戒，即入諸佛位，位同大覺已，真是諸佛子。」祇有受菩薩戒、修菩薩行的人纔有成佛的可能性，菩薩戒就是成佛的戒。

菩薩戒的根本精神主要體現在一智二悲，特別是在慈悲的精神上，大家在求受菩薩戒的時候，就要發起無上的慈悲心。寺院裏還是有一塊標語道：「菩提心為因，大悲為根本，方便為究竟。」不發菩提心，就不可能來求受菩薩戒；沒有菩提心，也就不可能有大悲心，不可能有圓滿究竟的智慧。

甚麼是菩提心？菩提心是無上覺悟的心，是覺者的心，所以翻譯爲覺；菩提心是大道心，所以菩提又翻譯爲道。這個道，一是指在因地中修行的道路和方法，一是指在果位上證得的圓滿菩提果。所以說，菩提心是修學佛法的無上善因、勝因。菩提心好像大樹的根，那麼要靠甚麼來使它成長呢？要靠大悲心的無上甘露水來滋潤，所以大慈悲心是修菩薩道、行菩薩道的根本保證。但有了這兩點還不夠，還有一個「方便」，這不是隨隨便便的方便，這個方便是大智慧，有了大智慧，菩提心的無上勝因，大悲心的根本纔能夠圓滿究竟。

受菩薩戒、修菩薩行，根本上是一智二悲，要把這個中心思想記住，那麼我們在平常守戒、持戒時就有了一個總的原則和宗旨。受菩薩戒，要發菩提心，發大慈悲心，要具足智慧，有了這些條件，纔可以受菩薩戒，纔可以成爲一個菩薩行者。

甚麼叫菩薩？菩薩是覺有情的意思，是覺悟了衆生。我們有一分覺悟，就有一分與菩薩相應的功德，就有一分與菩薩行相應的功德。受了菩薩戒，要經常想到自己已經在向著覺悟的方向前進，這樣我們纔能守好戒，就有自信心，就有一種自我肯定的態度。自我肯定在佛教裏叫做直下承當，自己肯定自己是菩薩，你纔會按照你受的戒條一點一滴地去落實。自我肯定是一種定位，把自己定位在那裏呢？佛教有七衆弟子，自己把位定好了，就能夠自我肯定，就能夠按你所受的戒條很好地堅持下去，成爲一個持戒清淨的佛弟子。

怎樣纔能算持戒清淨呢？這是由我們所受的戒來確定的，如果你祇受了三皈，那你祇要把三皈範圍內的應作和應止做好，也就算清淨了；如果你受的是五戒，那你按五戒的要求，知道了甚麼應作、甚麼應止，那就算持戒清淨了；其他如菩薩戒、比丘戒、丘尼戒等等都是一樣，每個人按照自己所受的戒來持好，就算持戒清淨。每個人找到自己在佛法中的位置，自我肯定下來，那麼持戒就不會成問題，而是非常自然的生活準則，所以自我肯定非常重要。

下面就《優婆塞戒經》第十四品來講解一下在家菩薩戒應作甚麼和不應作甚麼。大家手上都有一本我們河北佛協編的《在家教徒必讀經典》，這本書所收集的十部經典包括戒、定、慧，經、律、論的範圍，我們能夠好好地讀這本書，我們的修行、持戒就都有了一個依據。《優婆塞戒經》是佛陀對一名叫善生的居士說的一部經，這部經告訴在家的佛弟子應該如何修行四攝、六度，應該如何持戒，講得非常具體。每一位教徒如果能夠把它讀熟，領會了它的精神，那麼在家學佛就能夠過一種如理如法的生活，很多執著、迷惑、障礙就可以迎刃而解。（釋經文略）

一九九四年四月初七

# 趙州柏林禪寺一九九四年禪七開示

## 一

這是第三屆打禪七。在柏林寺打禪七，本來條件是不具備的。今年來的人，比去年更多一些，臺子上轉都轉不開，行香走不開，大殿裏面的條件也差。所以說，祇能有這麼一個意思，不能說是一個嚴格的禪七。

說到開示，講來講去，都是贕語，因爲講不出甚麼新鮮的東西。講出來的都不是禪。禪是靠每個人自己去修行、去體驗的。每個人返觀自心就會知道，說出來的都不是禪；自己那怕有那麼一點點體會、受用，那一點點受用就是禪。從古到今，禪宗提倡不立文字，不以語言文字取勝，但是從來也沒有完全摒棄語言文字。所以，以語言文字做爲入道的方便，自古以來都是這樣使用。今天，我們更不能不藉助於這種方便來共同地學習、體會、修行。

佛教是講心的。不僅是佛教，世法也是如此，講來講去，講的便是我們這顆心。世法裏講，做事要憑良心，這個人心好，這個人心不好，這是個有心人——一天到晚做任何事，都離不開這顆心。佛法裏更是如此。

佛經，正式翻譯過來的有七、八千卷，加上歷代祖師的著作，一共是兩萬多卷。打開這些經卷，可以發現使用得最多的便是「心」字，描繪得最多的是我們心的狀態。禪宗，也叫做「心宗」，禪宗法門是「心地法門」。所以，今天講一講要怎樣來觀察我們這顆心。

實際上，修一切的法門都是在觀心，都離不開觀心，祇不過表現的方式有所不同而已。「觀心」二字，可以概括佛教的一切修行法門，因此，這可以說是個大總持，是一個總的法門。講到心，有各種各樣的說法，心的狀態也有各種各樣的描述。大體上來講，心可以分爲「真心」與「妄心」。我們觀心就是把自己當下的這一念心對象化、客體化。這裏所説的當下一「念」，是「念」心所。心有各種活動，這種現象在佛教中稱爲「心所」，即心的活動的各種狀態。那麽，我們平常作用最多的，是「念心所」——十個「善心所」裏最爲主要的一個。以念心所來觀察我們當下的這一念妄心，因爲我們的真心現在還沒有顯露出來，我們所觀的是一念妄心。妄心轉變了，真心就顯露出來了，即所謂「捨妄歸真」或「轉妄成真」。

觀心是一個手段，目的是要去妄顯真。無始以來，我們輪迴六道不得解脱，便是緣於這一念妄心的主宰。觀察這一念妄心有種種方便。上根利智的人可以直接以念心所看破當下一念，讓它不思前不想後，不思善不思惡，讓這一念心孤立起來。這一念心孤立起來了，就逐漸產生定力，能夠不被煩惱、無明、妄想所纏繞。

我們難就難在這一念心孤立不起來，總是和各種各樣的雜念妄想聯繫在一起。《金剛經》所云：「應無所住而生其心。」應生無所住心。無所住，就是不住色生心，不住聲、香、味、觸、法生心，應無所住而生其心。要用這種方法來觀心，祇有大智慧、大善根、大毅力之人纔能做得到。

參禪這一法，就是上根利智的人所修的法門。它叫做單刀直入，或者叫做直指人心，見性成佛，這是最直截了當的法門。我們不可能人人都與這種比較難的法門相應，因此，也可以藉助其他的方法來達到觀心的目的，達到集中意念、孤立這一念心的目的。

爲甚麼說念佛不可以有雜念？一有雜念，其心則難以孤立。所謂雜念，就是此心和色、聲、香、味、觸、法發生了聯繫、發生了染著，一經染著，要使我們很快地去妄顯真是不可能的。色、聲、香、味、觸、法是染污我們這一念心的染法而不是淨法，心要能夠恢復到它的原態，則必須從六塵中完全脫離出來。那麼是否說，我們這一念心，就完完全全地和六塵根本不發生關係呢？大家可想而知，衹要有生活，不和六塵發生關係，那也是不可能的。又要和六塵發生關係，又要使你這一念心孤立起來不受染著，這就相當相當地困難，但是，又必須如此，否則，要獲得禪定、智慧、解脫，是不可能的。

在座的很多人是經常誦《金剛經》的。《金剛經》告訴我們用功的方法，最關鍵的是「應無所住而生其心」。大家可以注意到，不是不起心，不是不生心，而是要起那個無住的心，要生起那個不被染著的心。這就是禪宗裏所講的初步工夫，對境不起心。面對客觀六塵，不起心，不動念，使當下這一念，孤明歷歷。孤明歷歷，就是不和過去心、未來心發生聯繫，就是當下一念能時時把著，念念提撕，日久天長，自自然然地達到去妄顯真的目的。所以說，修行——觀心——是個根本的法門。觀心的訣竅，就是讓我們當下的這一念心孤立起來。

希望各位在修行時，在打坐時能夠善用其心，不要辜負了這七天的光陰。

## 二

古人說：「若人識得心，大地無寸土。」可見心量廣大，心能包括一切。有兩句話，叫做「心包太虛，量周沙界」，又有經典上講：「心外無法，法外無心。」五祖弘忍大師也講過：「不識本心，學法無益。」所以說，學佛最終的目的是認識我們自己這一念心，把心的問題解決了，學佛也就大事了畢。法門無量，但是不管那一法，都離不開心，因心外無法故。

我們在平常用功的時候，怎樣纔能夠從管住這個心到徹底地認識、掌握這個心？這其中的過程，既非常艱苦，也非常漫長。但是，祇要懂得有這件事，並且心嚮往之做出努力，我們就有最終瞭解、掌握的那一天。

今天有不少道友見了面便說，他的妄念多得很，可以說心猿意馬。不靜坐、不用功時，彷彿自己沒有甚麼妄想；一用功、一靜坐下來，則妄念紛飛，此伏彼起。實際上，並不是靜坐時妄想纔有，不靜坐時妄想就沒有，應該說，由於靜坐時提起覺照觀察此心，纔發現有妄想。這是好事，這是你已開始注意到了自己的心態。

又有道友講：「妄想起來了怎麼辦呢？」我說：「你別管它。」昨天講到要孤立此心。所謂孤立此心，便是不續前，不引後。所謂不續前，就是不要和過去的心相牽扯；不引後，便是叫你和未來的心不發生聯繫，而把當下這一念照顧得了了分明。做到了了分明地照顧當下一念，那麼不管你有無妄想，祇需做到「妄起即覺，覺之即無」，知道是妄想，就不要去追逐它，繼續妄想下去，而是要提起正念。

正念，是不是妄想呢？講到底正念也是妄想。不過，它是把意念寄託在（或說集中在）一個念頭上，以一念來代替紛雜萬念。雖然說到底，念佛號也是妄念，但是，這個妄念和別的妄念有根本的區別。這一念念佛之念具有恆沙功德，所謂：「念佛一句，罪滅河沙。」其他的念頭就不具備這種功德，不具備這種加持力。在一些祖師的語錄上講，這叫做以毒攻毒，或說以一念代萬念。到了究竟的時候，連這一念也是多餘的。我們現在這樣一個程度、層次，距離那種時刻還遙遠得很。在當前用功的時候，必須牢牢把握一個正念，以一念正念來代替萬念。這是觀心的一個下手工夫，也是把握自心的一個下手工夫，千萬不要誇誇其談，好高騖遠，要老老實實地面對自己的心態，把握自己的心態。修行，找到一根拐杖，就不要把這根拐杖隨便地扔掉了，扔掉了這根拐杖，你就會摔跤。這個拐杖就是一個法門——幫助我們認識自心，瞭解自心的一種方便。

實際上我們這個心，要認識它、把握它是難得很。古人，先不講別人，就講我們的趙州和尚，他老人家在修行過程中「三十年不雜用心」，可見用功之難。趙州老人人稱古佛再來，他也示現出用功的難度，何況我們平常的人！我們這種劣根性的人！要真正地把握自己的心態並不是一件容易的事，我們天天、時時、刻刻都要知道有這件事，天天、時時、刻刻都要不斷地磨煉自己的心。

在座的有很多六、七十歲的老人，說要三十年不用雜心，便會說：「我都七十了，還能活幾天呢？這一輩子要想了結這件事是否就沒有希望了呢？」也不是的！這個心的認識說容易也容易得很。怎麼容易呢？就是要死下這個心，死下這一個妄心，這個想討便宜的心，以最大的決心，努力地精進不息。有很多人是在晚年纔信仰佛教，纔知道有一個所謂生死大事，纔開始修行。大多數人都能夠程度不同地得到受用，那是因爲他有一種「朝聞道，夕死可矣」的決心和毅力。所以，從這一點來講，並不一定年輕人修行就進步快，老年人修行就進步慢。年輕人儻若他心不急，不肯去堅持，悠悠忽忽，也有可能會空過一輩子。年老的人，信得急，有緊迫感，他可能在三年五載就能夠解決這個大問題。

能不能瞭解、掌握這個心，關鍵是看你有沒有決心、信心和毅力。佛教講修行就是講修心，所謂：「不識本心，學法無益。」我們時時刻刻要抓住這個根本問題，把這個根本問題解決了，一切的問題也就會迎刃而解。

## 三

爲甚麼要觀心？觀心就是要訓練這個心。我們平常的這個心，或說意念，是紛亂不堪，千頭萬緒的，要使我們的心、意念有規律地進行活動，那就必須經過相當長的時間來訓練。

古人把訓練心（或說調心、觀心）譬喻為牧牛。這個心還沒有馴服以前，就像沒有穿鼻孔的牛一樣，一點也不聽話，到處亂竄，犯人苗稼。為了使牛能夠按照主人的意願來進行活動，首先就要把牛的鼻孔穿上，再來慢慢地訓練牠，使牠馴服、調柔。

如何把心之牛的鼻孔穿住呢？那就要在觀心過程中加上種種的意念、方法。譬如我們反覆的念佛、持咒、參禪等。掌握方法後，就一定要持之以恆，毫不間斷地來訓練這個心，使我們的意念，達到非常純熟的程度。

在觀心過程中，首先要知道心究竟是甚麼東西。祖師們都說：「心即是佛，佛即是心。」我們衆生都有佛性，可以成佛，就是說我們有這個心。

我們的心，從本質上講，它具有成佛的可能性。但是，畢竟它還不是佛。為甚麼呢？因為它還有種種的無明煩惱。在這樣的兩重關係中（是佛，又不是佛），古人也給我們指出了兩種方法：一種是所謂的「直指人心，見性成佛」。就是說：你現在就是佛，你當下就是佛，你要敢於承當。這種方法即是「直下承當」，這是古來祖師經常運用的；另外一種方法是在我這個心就是佛這個問題上發起疑情。我是佛，但我爲甚麼有這樣多的無明煩惱，這些無明煩惱從何而來，如何產生，在諸如此類的問題上不斷地產生疑惑，進行追問、反省、參究。

一是直接肯定，一是帶疑而參。到了晚近以來，用第二種方法的較多。如「念佛是誰？」「拖死屍的是誰？」「喫飯的是誰，穿衣的是誰？」——要找到我們的主人翁。不過，就我們目前的環境而言，這樣的機會，這樣的因緣，實在是太稀有了。因此，還可用直指的方法。我們每個人既然知道心即是佛，佛即是心，大地衆生當下都成佛了。儻若我們每個人都敢於這樣承當，就應該有所準備了：「我既然是佛，便應具備佛的智慧，佛的功德，佛的種種莊嚴相好，自覺覺他，覺行圓滿。」如此反觀自己，是否具備了佛的這些德行？顯然，是不具備的，那麼便要加緊修行，以佛自期，以佛自許，以佛心來行佛事。今天的我們之所以舉心動念、所作所爲處處都表現出一種凡夫相、衆生相，就是因爲我們没有把自己看成是佛，如果我們每個人都把自己看成佛，用佛的慈悲、智慧來要求自己，你說，我們還有甚麼放不下的呢？

古來的人，特別是馬祖經常用「即心是佛」這樣直指的方法來教導學人。馬祖會下，有一位法常禪師，去參禮馬祖，問馬祖：「如何是佛？」馬祖說：「即心是佛。」法常禪師聽到這四個字後，馬上頂禮拜謝，離別馬祖自己找一個茅篷住了下來。他想：既然「即心是佛」，我便好好地保任，歷境煉心，看看自己之心與佛心是否相應。日久功深，果然他達到了大徹大悟的境界。他去住茅篷後，多少年都不到馬祖那裏去。一天，馬祖想起這位學人來，想考驗一下，看他所見是否真切，是否真正有正知見，具正法眼。於是，他叫另一位學人到法常禪師那裏去對他說：馬祖的佛法又變了，現在說非心非佛。法常禪師說：「不管他非心非佛，我還是即心是佛。」學人回來後，把法常禪師的話向馬祖稟告，馬祖贊歎曰：「梅子熟也！」

說起來很簡單：即心是佛，我們每個人當下即是佛。可是，其於妄想何？其於染污何？——我們就要在直下承當，在即心是佛這樣一個前提下訓練此心，讓他時時刻刻、在在處處與佛相應。實際上，修行就是要解決這樣一個問題，就是要找各種各樣和自己相應的法門來訓練此心——發菩提心，生大信心，發無上道心。如果我們信的祇是心外之佛，不信自己是佛，那麼我們這個信心始終是動搖的。祇有當我們相信自心是佛，我們纔會真正地珍惜自己，真正地發起精進勇猛之心，纔會真正的向上向善。

說修行難確實難。如果說修行易，祇要一念懇心，選擇一個法門，時時提撕，使自己的這一念心不與煩惱無明相應，我們確確實實會成佛有餘。所以，奉勸諸位在學佛的道路上，最重要的是相信「自心是佛」。

在相信自心是佛的前提下，我們並不排除心外的佛。自心是佛是從理上講的，心外的佛是從事上講的。心外的佛包括此世界、彼世界、十方世界一切諸佛。自心的佛、心外的佛是二而一，一而二，到了最後，內外的界限是根本不存在的。若有內外的界限，依然是與佛心不相應。但是在初學的時候我們不可以「以理奪事」，也不可以「以事廢理」，要做到「事理不二、理事圓融」。這樣來修行纔不會增加執著，增加障礙。

奉勸諸位，修行要從根本上修，從自心上修。所謂：「不識本心，學法無益。」祇要把根本的問題解決了，枝節問題容易解決，所謂：「但得本，不愁末。」

# 四

這兩天講了觀心的一些問題。主要是從正面講了一些心的狀態。我們也應該認識到，此心是佛，此心也是衆生，否則我們的修行就沒有目標。

我們是以一個六塵的心態，在業識茫茫的環境下來修行。祇有充分地認識到我們這個心陰暗的一面、消極的一面、罪惡的一面，我們纔會加緊自己的修行，如果不深刻地反省，就不會求出離。

佛與衆生相差也祇在一念之間：「一念悟衆生即佛，一念迷佛即衆生。」一念迷悟之間，佛與衆生判若天淵。修行學佛之人，一定要全面地來理解我們心的光明的一面，陰暗的一面。看到我們心的陰暗的一面，我們修行就有對治的對象。因此說，我們一念心，具足十法界。四聖六凡之隔就是迷悟之分。

在六凡當中，有三善道與三惡道。這三善與三惡之間，說到底也就是一個迷悟的差別。做爲學佛修行者，對於一念心具足十法界的道理，一是要明瞭，一是要信得真。如果我們對六道輪迴有懷疑，那修行則根本生不起迫切感，甚至於認為修行是沒有必要的。

佛教信仰的基礎就是因果輪迴。如果在此問題上信不真，對佛教的信仰就沒有基礎。甚至於說，沒有因果輪迴的觀念，整個社會的道德也就沒有基礎了。今天的人類之所以道德觀念每況愈下，社會的濫象此伏彼起，人的思想日益混亂，就是由於因果不明，輪迴觀念受到衝擊，因果輪迴的學說受到破壞。

因果輪迴的道理，本來是現現成成，沒有任何可以值得懷疑的地方。由於長期以來佛教思想宣傳不能深入人心，種種與因果輪迴不相應的思想卻泛濫成災，人們耳濡目染，都是對因果輪迴觀念否定的思想，於是本來是不成問題的事實、觀念、思想，卻成了有問題。一旦因果輪迴學說成了有問題的學說，整個社會的一切問題便由此而發生了。

學佛之人，更要看到心的陰暗的一面，對治此心纔有個下手處。有人要問：在我們的日常生活中，真正經驗因果輪迴的人不多。這其實正是我們都在迷失當中。如果真正省悟、覺悟的人愈來愈多，便會用自己的經驗證實三世因果真實不虛。信佛的人自己尚無證悟，就要相信佛的言教。佛陀具足大智大悲，圓滿大覺，洞徹三界內外的一切智慧，三世因果六道輪迴的事實是佛親口所宣，一切大小乘經典都記載得明明白白、清清楚楚，因此，學佛之人在自己尚未覺悟之前，就要信佛所說的事實。

所謂信仰的核心，便是佛、法、僧三寶。但真正能夠把三寶時時刻刻地做為我們信仰的核心，並不是一件易事，這就是所說的「知易行難」。因此，在家、出家修行之人，信三寶，皈依三寶，是每時每刻、天天都要履行的一個必修課。我們早晚上殿除了經文中有皈依三寶，還在早晚課結束前特別提出來。因爲皈依三寶並不是在家信徒的事，出家人也要天天念念不離三寶。離開了三寶，我們的修行就沒有目標，修行就沒有加持。

今天，我講心有陰暗面，陰暗面主要是無明煩惱。儻以無明煩惱作爲因，以六道輪迴作爲果，造業、感果、受報，這是真實不虛的。我們祇有對於心有一個全面的瞭解，纔能幫助我們在修行中，不斷地發揮心的光明的一面，克服心的陰暗的一面。

# 五

善惡因果的肯定即是對人生價值的肯定。否定它的存在，實際上就否定了人生和生命的價值。善與惡是心作心受、自作自受，因果不爽的。明白這個道理，相信善惡與因果，我們心性中積極的一面就得以發揮，就得以堅持。由此，我們便最大限度地來運用我們心性中光明的創造性的因素，去發揮生命的真正價值。因此，我們說，善惡因果是最積極的、給人的生命以最大鼓舞的思想。它鼓舞我們每一個人都來做善良的人、進取的人、優秀的人；向佛學習，向佛看齊，以至於成佛作祖。這樣的思想，絕非像有的人所講的是保守、迷信，相反的，它給我們的生命以最充分的肯定，最充分的期望。

佛教認爲，我們的生命有清淨的一面和染污的一面。從染污的一面而言，生命無始有終——如果你開始了修行，走上了覺悟之路，染污的生命便可以得到昇華，結束染污的生命；從清淨的一面而言，生命有始無終——你在修行中，獲得了覺悟，清淨的生命便開始了。一個覺悟者，一個開悟的人是不會再迷失的，他始終會把握著清淨生命的航向，因而，清淨的生命便是有始無終。

在一般取斷滅見態度的人來說，生命是一次性的。佛教則認為生命永恆。佛從他的大智慧大覺悟中徹悟到了生命的永恆性，諸大菩薩、歷代祖師、大善知識同樣也徹證了生命的永恆。因為有了這樣的徹證，他們擁有了大智慧、大願力、大慈悲，要盡未來際為衆生做奉獻。

生命的價值是甚麼？作為一個菩薩、一個大善知識，他會認為生命的價值在於覺悟，在於奉獻。

迷者，持斷滅見的人，看不到生命的永恆，執迷不悟地認為生命是一次性的。他們短見地認為今生作善作惡自己不需要負甚麼責任，不需要承擔甚麼後果，於是及時行樂，沈迷終日。在五濁惡世中行善，如逆水行舟。沒有覺悟、沒有志氣、沒有勇氣毅力的人是不肯去努力的；相反的，惡行、染污卻如順水推舟，不用費甚麼氣力。所以迷誤的人，沒有志氣的人，心存苟且的人都容易流入惡途，因為惡行如落石下坡，不費力氣！人，本身具有劣根性，發揮劣根性的一面是容易的；恰恰相反的是，人雖有清淨之本，但要發揮清淨、智慧的一面，卻是極艱難的。在我們周圍就可以看到，這個世界上最多的人是中庸的人，善惡時時有，不善也不惡；極惡的人是最少見的；極善的人，大覺悟大智慧的人也是少數的。講到生命的永恒性，南北朝時期有一位傅大士，大家都説他是彌勒菩薩的應化身。他有一首偈語説得很好：「有物先天地，無形本寂寥。能為萬象主，不逐四時凋。」

佛陀教導我們，要認識我們的心是亘古常存的，這也就是要我們認識到生命的永恒性。學佛修行的人一旦真正地認識到了這一點，就會真正地、最充分地來發揮生命的積極性、創造性，使我們心性中本有的智慧與光明由此而得到不斷的顯現。

講到這裏，有的人可能會產生疑惑：「生命究竟是怎樣來延續的呢？」佛教講無我，又講生命的延續和永恒，這之間還存在著一個善惡業力自作自受的因果問題，是否有矛盾呢？在一般人來看，善惡、業力、自作自受因果關係一定應該有一個責任者，這個責任是誰呢？

佛教講，我們這個生命，這個心是當生即滅，當滅即生，生滅不已的。「死」並不意味著生命的停止、消失，而祇是生存的形式有所改變。佛教强調因果，在剎那生滅之間，因果相續。前一念不等於後一念，但是又不異於後一念，叫做「不一不異、相似相續」。在生滅變化中，我們每個人自作自受的善惡因果也不會停頓，根本不需要找到一個另外的責任者，當體就是一個緣起法，一個業識之流，一個生命之流。

我們要仔細地理解、體會這個道理，在自己的心態上注意觀察，逐漸地就會明白：生命相續、業果相續、善惡因果相續，這是法爾如是，真實不虛的，絕不會有錯亂的時候。俗語講得好：「種瓜得瓜，種豆得豆。」大豆種到地裏，不會結出黃瓜。

學佛之人一定要懇切地相信因果，纔能認識生命的永恆性。祇有如此，我們修行，做一切功德纔真正有積極性。我們祇有找到人們價值所在，纔能夠真正學習諸大菩薩、歷代祖師那種「不爲自己求安樂，但願衆生得離苦」的精神，纔能真正去追求覺悟、自覺奉獻。

佛陀教導我們的教法是世界上最積極的道理，對於人類的命運、人類的生命具有極其光輝的指導作用。可是，如此偉大的學說，人類囿於自身的種種迷惑、狹隘、有限而難以真正地理解佛法，而認真地、真實地照著去做的人，實在太少太少了……。

我希望在座的諸位，一方面在這裏做好七天的修持，一方面不論何時何地都要經常思惟佛陀的教法，用佛陀的教法來指導我們的修行——生活、工作，在在處處，時時念佛，依佛所說而行。這就是我平常强調的「將信仰落實於生活」，也就是「生活禪」。這種方法，强調佛法與世間法打成一片，在當今時代是最契合人們生活實際的。希望大家不要錯過這大好的時節因緣。

## 六

無始以來，在我們的八識田中儲藏了各種惡因緣的業識種子，修行人一上路，這些惡因緣的種子便會全部發動起來向你進攻，不讓你逃脫煩惱的深淵。這本有的業識種子，是自己多生積累的。它們使人在修行的路途中，愈修彷佛煩惱愈重，愈修彷佛煩惱愈多，愈修彷佛愈覺得路走不下去了。在這樣的時候，修行人更要發出精進勇猛之心，真正有一種拚搏精神。祇有這樣，纔能夠闖過這道難關。

另一方面，我們要修行，還有種種外在的干擾。有一個人修行，真正了生脫死，出離了三界，波旬魔王的眷屬就少了一個，他們是不願意的。因此，真正修行，魔王也要干擾。

我們每天早晚上殿要念誦許多經文、咒語，乞求護法龍天的護持。這樣做就是爲了使我們的修持能夠順利，能夠三門清淨、佛法長興：「大衆熏修希勝進，十地頓超無難事。」

那麼，是不是所有修行人都會在這些干擾破壞下退失道心？我們應該如何排除干擾，使自己具備種種條件以使修行能夠順利呢？

我感到，最重要的條件是四個：持戒、因果、正見、福德。

一、我們每個修行人在佛教中都具有自己的身份（比丘、比丘尼、沙彌、沙彌尼、男居士、女居士），這是由於戒律的不同而得來的。每一衆的弟子都要嚴持自己身份的戒律、戒條，清淨持戒。

二、每個修行人要有因果觀念。深信因果，做到因果分明。

三、修行人要具足正知正見。

四、具足福德是修行的重要條件之一，沒有福德，修行上會增加障緣、增加干擾。

以上四條，每一條都是最重要的，都是根本問題，是修行的先決條件。四條之中那一條不具備、不具足，我們在修行路上都會遇到障緣。

柏林寺這幾年來多次舉行大型法會，每一次基本都算是順利清淨的。但是，每一次都多多少少都會有一些障緣。我自己確確實實是誠惶誠恐，深感自己的福德不具備，没有威德，没有福德因緣以使道場自始至終保持一種安定、安詳，確保大衆在道場中修行没有障緣。反省自己在四個條件方面，每一條件都有所缺陷。所以給道場，給常住，給大衆在修行中帶來了種種干擾。我希望我們常住大衆也以這四條來檢省自己、約束自己，祇有這樣，我們的修行纔會減少障緣，在我們與居士共修的過程中纔能夠比較順利地前進。

每一位在座的同修，在用功的過程中要注意量力而行，不宜操之過急。操之過急則欲速不達，反而會出現種種障緣。修行一方面是要具備身體條件，另一方面要具備精神、心理條件，兩者互爲補充、互爲因果，密不可分、身心不二。

我們定的每枝香時間長短，都是根據多方的因素細緻安排的，一天十多個小時。能夠照這個鐘點踏踏實實用功，嚴格要求自己，按照作息制度進行，每個人的修行則會順利。佛經上告訴我們，修行像彈琴，弦不可太緊，亦不可太鬆。鬆，容易懈怠；緊，容易繃斷。不緊不鬆纔能彈出悅耳的聲音。坐禪也是這個道理，睡眠、飲食要調理好，四大要調和。就目前的狀態看，我們的身心還是一個染污的身心，不是一個清淨的身心。我們剛剛踏上修行的路途，還要靠飲食、睡眠來隨時隨地補充給養，恢復精神，養精蓄銳，以使四大調和。祇有這樣，坐禪、修行纔有健康的身心作保證，纔可以有所收益。我希望大家不要忽略這一點。修道，無論是在寺裏還是在家中，都要緩緊適中，不可操之過急。

## 七

古人有一個說法叫做「久坐成勞」。七天來，大家很精進，也很疲勞，特別是初發心的人，堅持下來是要有很大決心和毅力的。

柏林禪寺第三次禪七已近尾聲了。不少來參加打七的道友在這次活動中得到了程度不同的受用，這是值得高興的。柏林禪寺的兩序大衆也爲大家能有所收穫而感到欣慰。

但是在這次法會中，有兩位居士由於在過去的經歷中，心力、身力、修行方面曾出現過一些障緣，在坐禪的七天裏，八識田中的業識種子全部躁動起來，出現了一點點不正常的情況，這些是正常的。在以往諸方禪堂打禪七中，經常會有這樣的事，甚至有比這更嚴重的事出現。

當今每個人學佛、修行，要拜師，一定要擇師而從。其用意就是要有位導師能夠真正地來指導我們的用功、修行。禪修、打七要有人指導，不能盲修瞎煉，其用意也就在於通過善知識的指導能夠使修行人步上正途，功不唐捐，踏實進步。拜師、擇師，並不是一件輕而易舉的事，而是要通過自己謹慎的選擇、考慮，發乎正心，存乎正行，抉於正見，福德具足。祇有這樣，我們纔有緣得遇大善知識，纔有福德在修行的路途上一往直前。

這次禪七出現了這樣的情況雖屬正常，畢竟還是舉辦法會的柏林禪寺兩序大衆所不希望的。我想，在座參禪打七的諸位法師、居士也不希望在這個修行的路途中出現過大的干擾和障礙。反過來講，干擾和障礙雖然未必不是一件好事，但對於福德尚淺、定慧不足的我們而言，卻少有在干擾、障礙中得以增長智慧、增長福德。

昨天，我講到了修行的四個必備條件：持戒、因果、正見、福德；今天，我又談到了擇師求法的不易。我想，這對大家日後的修行是會有所助益的。

修行，任何時候都不能不精進勇猛，但精進勇猛不是表面單純的盲修瞎練，那是幼稚的。修行，也不能疲沓，毫無生氣，那樣，悠悠忽忽中，大好光陰白白流失、空過。一味的猛練，自己的福德因緣尚不具備，生理、心理條件欠缺，業力翻騰難以駕馭，容易出現障緣。古人曾經講：「寧可千日不悟，不可一世著魔。」這個話確實講得非常中肯，對我們初發心的修行人有著很深刻的意義。

七天來，我根據佛祖的言教講了一些修行的體會供大家參考。這些話平平常常，都是我個人在學習修行中的感受。各位都是修行人，雖然是初發心也是多世累積而得。在今後的修行路上，究竟選擇甚麼樣的法門，那一定要根據每個人的根基，自己師承所在，自己適宜的修行法門更應慎重地選擇、決定。

在目前來看，種種修行法門裏，念佛、參禪這兩個法門最爲平實普通，實踐的人多，受益的人多，現成的經驗也最豐富。在座各位如果能在這兩個法門中根據自己的根機和平時修行的效果有所選取，堅持不懈地努力，方法得當，鬆緊適度，我想會有好消息的。

修行的必備條件有四點，大家都已知道了。在這裏，我想再特別强調一下持戒的重要。戒律是甚麼？戒律是堤防！持戒精嚴，你的身、口、意三業便可防守得嚴嚴實實，不會有漏洞、有缺口。有戒律，我們的修行纔有保證。

今天，是最後一次講開示了。我在這裏送給大家六句話：

參禪念佛，持戒第一。隨宜而修，綿綿密密。終身不怠，大事了畢。

如果各位能夠按照這六句話來做，我想，我們每個人的修行都會有成就、有希望。

七天來，由於常住條件有限，對各位照顧得不周到，希望各位能夠諒解。一切能夠往道上會，一切就能夠生起自在心，得到吉祥圓滿。

一九九四年九月二十二～二十八日

國家圖書館出版品預行編目資料

淨慧法師開示語錄 1／淨慧法師著. -- 1 版. -- 新北市：華夏出版有限公司, 2022.10
面；　公分. --（Sunny 文庫；246）
ISBN 978-626-7134-29-0（平裝）
1.CST：禪宗 2.CST：佛教說法

226.65　　111008725

Sunny 文庫 246
淨慧法師開示語錄 1

著　作　淨慧法師
印　刷　百通科技股份有限公司
電話：02-86926066 傳真：02-86926016
出　版　華夏出版有限公司
220 新北市板橋區縣民大道 3 段 93 巷 30 弄 25 號 1 樓
電話：02-32343788　傳真：02-22234544
E-mail：pftwsdom@ms7.hinet.net
總經銷　貿騰發賣股份有限公司
新北市 235 中和區立德街 136 號 6 樓
電話：02-82275988　傳真：02-82275989
網址：www.namode.com
版　次　2022 年 10 月 1 版
特　價　新台幣 280 元 (缺頁或破損的書，請寄回更換)

ISBN：978-626-7134-29-0